Dutschke
Geschichte ist machbar

RUDI DUTSCHKE

Geschichte ist machbar

Texte über das herrschende Falsche
und die Radikalität des Friedens

Herausgegeben von
Jürgen Miermeister

Verlag Klaus Wagenbach Berlin

Wagenbach: Taschenbuch 198

3.–4. Tausend April 1992
Neuausgabe 1991

Umschlaggestaltung: Rainer Groothuis unter Verwendung eines Fotos von Preben Tolstoy
Gesamtherstellung: Druckerei Wagner, Nördlingen
Printed in Germany.
ISBN 3 8031 2198 1

INHALT

Die bewußte Entscheidung des Individuums

(Aus dem Tagebuch)

9. April 1963

Habe den polnischen Film »Der Kanal« von Andrzej Wajda gesehen. In der letzten Woche davor täglich in der »Amerikanischen Schule« (während der Küchenarbeit) mit Thomas E. über den jetzigen und über den zukünftigen, dann von der Entfremdung befreiten Menschen gesprochen. Im Film sah ich nun den Menschen in der Kriegszeit, jenes »nicht festgestellte« Tier - so meint jedenfalls Nietzsche.

Im »Kanal« erblickte ich, wie der Mensch im allergrößten Schmutz und Morast Mensch bleibt - schon durch sein Bewußtsein. Ich bekam dort Menschenkinder meines Alters und noch jüngere zu sehen: wie die für die Freiheit ihres Vaterlandes kämpften, töteten für ihre Heimat, starben . . .

Polen starben, Deutsche starben. Indem die Polen dies vollzogen, vollzogen sie den Tribut an die historische Notwendigkeit, der Notwendigkeit des Sieges über den Faschismus. Die deutschen Soldaten, die auch für das Vaterland starben, so glaubten sie wenigstens, hatten nie eine wirkliche Chance. Der »Weltgeist« (Hegel) tobte sich mit Hilfe der »List der Vernunft« wieder einmal richtig aus und kam zum Bewußtsein seiner selbst. Die Möglichkeit der großen Wandlung auf dieser von Gott für uns geschaffenen Welt lag in der Hand einiger »weltgeschichtlicher« Individuen. Die versagten und versagen weiterhin.

Wenn die Geschichte nicht von Persönlichkeiten, sondern von in der Materie liegenden Gesetzen gelenkt wird, so meint jedenfalls die marxistische Geschichtsmythologie, dann kann eigentlich nichts ›schiefgehen‹. Engels nähert am Ende seines Lebens den Geschichtsprozeß weitgehendst dem Naturprozeß an, damit liquidiert er die bewußte freie Entscheidung des Individuums, der Gruppe, der Partei usw. Alles wurde bei Engels unvermeidlich . . .

Da der Kommunismus, die klassenlose Gesellschaft, bei

Engels und den heutigen ›Nachfolgern‹ eine beschlossene Sache ist, braucht uns eigentlich die Gefahr eines Atomkrieges nicht zu schrecken. Die Denker eines solchen Unsinns der Unvermeidlichkeit werden nie die Entfremdung des Menschen aufheben. Entfremdung ist nicht nur durch die scheinbare Verselbständigung der vom Arbeitenden geschaffenen Waren gegeben, nicht nur durch die Feindlichkeit dieser von ihm produzierten Waren. Entfremdung ist für mich auch Starrheit des Denkens, Geschlossenheit des Denkens. Die Befreiung des Menschen ist nur durch wirkliche Einsicht in die notwendigen Gegebenheiten des gesellschaftlichen Lebens möglich. Eine Änderung der Besitzverhältnisse ist nicht gleichbedeutend mit der Aufhebung der Entfremdung.

1957

Einladung zu einer urdeutschen Met-Shuffle

Es lädt ein: Hac(k)e(n) - Crux TEUTONICA - (schlagende Verbindung) zu einer urdeutschen Met-Shuffle

Willkommen sind alle Neuimmatrikulierten, auch all die Kommilitonen, die noch keinen Anschluß finden konnten. In unserer Verbindung finden Sie eine Gemeinschaft, die hilfsbereit alle individuellen Sorgen beseitigt und einen Kameradschaftsbund für das ganze Leben schafft, der immer dann einspringen wird, wenn die weltliche Not unerforschlich und auswegslos erscheint. Gerade in Berlin sind wir noch immer durch Falschheit und Neid von linken Wirrköpfen der Verleumdung preisgegeben, die unsere ehrwürdige Tradition mit Dreck besudeln wollen. Das Gerede von den alten Herren, die uns scheinbar gängeln, ist eine Mär, die in der Garküche Ulbrichts entstanden ist. Unsere Gemeinschaft pflegt seit ihrem Ursprung eine wahre, germanische Demokratie; bei uns ist man durch und durch unabhängig; Freiheit ist unser Prinzip. Unsere Demokratie geht sogar so weit, daß niemand gezwungen ist, sich zu schlagen oder Farben zu tragen.

Die Förderer unserer Verbindung werden Ihnen helfen, die richtige Einsicht zu finden; sie werden das Denken formen, was die heutige Industrie von Ihnen fordert: Tüchtigkeit, Fleiß und Eifer. Bei uns werden Sie auf Ihren späteren Beruf vorbereitet und wir schaffen Ihnen die Stellen, die Ihnen dank unserer Verbindungen weit offenstehen und Ihrer Moral entsprechen. Ein glückliches und zufriedenes Leben harrt auf Sie!

Wir stehen fest auf dem Boden eines liberalen Staates, wie die Geschichte unserer Verbindung zeigt. Schon 1819 wurde ein elender russischer Spion (Kotzebue) von einem Angehörigen der Korporationen erstochen; 1871 waren wir die ersten, die das deutsche Reich bejubelten; 1914 eilten wir zu den Fahnen, um dem bedrohten Vaterland zu helfen; 1933 beugten wir uns der Gewalt und wir gingen in die HJ, um diese Organisation von innen auszuhöhlen; der uns aufgezwungene Krieg von 1939 fand uns wieder in der ersten Reihe; 1945 konnten wir endlich dem Anstreicher unsere Verachtung zeigen, denn wie hatte er seine Versprechungen an die deutsche Industrie gehalten? Er hatte sie zugrunde gerichtet!

Unsere Verbindungen entstanden unerschüttert wieder, denn schon zeigte sich der Strudel, der die Hirne ins Ausweglose riß und der schon in der Weimarer Zeit unsere Verachtung verdiente. Bolschewismus und Pazifismus wollten den Eifer der deutschen Studenten hemmen. Die Industrie schrie förmlich nach unserer Erziehung untertänigen Maßhaltens. Unsere Gönner unterstützten uns mit allen Mitteln; ihr Wunsch wurde uns zur Verpflichtung! In unserer Verbindung entsteht der ewig deutsche Mensch, der sich der Führung anvertraut, der beharrlich, ohne aufzumucken, das deutsche Wunder schafft - ein Schrecken für die Internationale Konkurrenz!

Die Einheit ist uns ein Herzbedürfnis, zu keiner Stunde vergessen wir unsere Lieben in der Zone; aber wir warnen vor jeder Überstürzung, die westdeutsche Industrie könnte leicht harten Schaden erleiden. Vertrauen wir auf Erhard - »Ich weiß von der tiefen Sehnsucht des deutschen Volkes, geführt zu werden« . . . Die Freiheit halten wir hoch, denn ohne freie Konkurrenz kann keine Industrie bestehen, unser Profit nicht entstehen! . . . Fromme Worte, gesalbte Einsicht und Vertrauen in die bewährte Mannschaft ist das Gerüst unserer Demokratie, denn Experimente können unseren Stellungen gefährlich werden . . . Für das Recht kämpfen wir seit unserer Entstehung; wir fordern eine neue Urabstimmung - UNSER IST DAS RECHT!!

I. Vorsitzender: R. Dutschke (13 Mensuren); II. Vorsitzender: R. Gasché (10 Mensuren); I. Schriftführer: H. Nagel (7 Mensuren); II. Schriftführer: B. Rabehl (7 Mensuren)

Dieses Flugblatt wurde Anfang 1964 an der FU Berlin verteilt; ironisch nahm es Bezug auf einige aktuelle Anlässe: die durch Urabstimmung erzwungene Abwahl eines AStA-Vorsitzenden, der Mitglied einer schlagenden Verbindung war, sowie auf den Antrag einer Berliner Burschenschaft, als förderungswürdige studentische Gruppe anerkannt zu werden. Das Flugblatt war die erste Aktion der ANSCHLAG-Gruppe, der Berliner ›Sektion‹ der ›Subversiven Aktion‹ (München). In einer Tagebuch-Notiz (Ende Wintersemester 1963/64) schrieb Rudi Dutschke, der damals noch nicht Mitglied des SDS war, dazu: »Mal hören, wie die vom SDS und Argument-Club unsere Aktion, unsere kleine Provokation gegen die Verbindungsleute des RCDS beachten. Die vom RCDS reagierten ziemlich sauer im Audi-Max, als wir uns zu Verbindungsleuten ernannten und versuchten, den ganzen Spuk lächerlich zu machen. Einige drohten mit Schlägereien, wagten es aber nicht. Ob wir uns lächerlich gemacht haben, weiß ich nicht. Ein Komilitone sagte jedenfalls zu mir: Da sollten die vom SDS sich mal ein Beispiel nehmen.«

Konfirmation, im Kreise der Großfamilie (1954). Ganz hinten die drei älteren Brüder

Es gibt noch keinen Sozialismus auf der Erde

(Die Rolle der antikapitalistischen, wenn auch nicht sozialistischen Sowjetunion für die marxistischen Sozialisten in der Welt)

Es gibt noch keinen Sozialismus auf der Erde; der Sozialismus ist weiterhin eine reale Kategorie des Noch-Nicht-Seins, der durch den Kampf der revolutionären Kräfte im Weltmaßstab in die gesellschaftliche Wirklichkeit gebracht werden muß. Für die marxistischen Sozialisten in den kapitalistischen Ländern ist das Bestehen einer *dem Anspruch nach* sozialistischen, in *Wirklichkeit* aber »nur« antikapitalistischen Sowjetunion eine ungeheure Belastung, die sich allerdings im Augenblick revolutionärer Umschläge in zur Zeit kapitalistischen Ländern - wir denken aktuell an die lateinamerikanischen Länder - als wesentliche Stützkraft der Revolution erweisen kann. Wir meinen hier nicht die Prädikate des kubanischen Beispiels, wo die direkte »Hilfe« der Sowjetunion zu einer ernsthaften Krise der kubanischen Revolution führte; wir denken vielmehr an selbständige, von Moskau und Peking unabhängige Aktionen z. B. brasilianischer Sozialisten, die das faschistische Regime Branco stürzen, die in Brasilien nicht zu umgehende Agrarrevolution in Angriff nehmen, kurz, eine proletarische Revolution, die Agrarrevolution als politischen »Aufhänger«, à la 1917 in Rußland, in Brasilien durchführen. In einem solchen Falle wird die *Existenz* antikapitalistischer Länder (Sowjetunion, Polen sowie die übrigen osteuropäischen Volksdemokratien, natürlich auch die Volksrepublik China) eine direkte militärische Intervention kapitalistischer Länder erschweren bzw. verhindern.

Die Niederlage der brasilianischen Arbeiter und Bauern durch die faschistische Militärclique erscheint uns in der Tendenz als »russisches 1905«. Das »russische 1917« in Brasilien wird allerdings kaum noch 12 Jahre auf sich warten lassen. Wir wissen, daß die Voraussetzung einer erfolgreichen Revolution in Brasilien, die Schaffung einer disziplinierten und schlagkräftigen Avantgarde der Unterdrückten, noch nicht erfüllt ist.

Es ging uns bei diesem Beispiel nur um die Rolle der Sowjetunion für die Sozialisten in einem Lande, in dem die Revolution möglich und notwendig ist, in einem Lande, das infolge seines natürlichen Reichtums und seiner geographischen Lage ein von Moskau und Peking unabhängiges Handeln viel eher zuläßt, als das z. B. in Kuba der Fall war. Hier wird also das Bestehen einer antikapitalistischen, wenn auch nicht sozialistischen Sowjetunion für die erfolgreiche Revolution ein sehr wichtiges und positives Moment sein.

Weiterhin ist es unerläßlich, daß sich die westeuropäischen marxistischen Sozialisten ihrer Weltvermitteltheit voll bewußt werden, die scheinbar unbewegliche und jede von Privatleuten (linke Professorenschaft) vorgetragene bzw. publizierte kritische Aufklärung konsumierende sozialstaatliche kapitalistische »Wohlstandsgesellschaft« als dialektische Ergänzung zu den ungeheuren Veränderungen in Lateinamerika, Afrika und Asien zu begreifen. In einer Zeit, in der wir erstmals von Weltgesellschaft sprechen können, geht jede isolierte und partikulare Analyse fehl.

Was für eine Rolle spielt die Sowjetunion nun für die Sozialisten in den hochentwickelten kapitalistischen Industriestaaten Westeuropas, für die marxistischen Sozialisten in der Bundesrepublik, die in einer gesellschaftlichen Wirklichkeit leben, in der durch die systematische Entmündigung der Massen die Begriffe Sozialismus, Kommunismus, Bolschewismus und Stalinismus fast unwidersprochen gleichgesetzt werden?

Da bei jeder Diskussion mit dem Arbeiter in der Kneipe, mit dem Christen in der Gemeinde, mit dem Studenten im Seminar der sozialistische Gedanke - wir verstehen hier darunter die Mündigmachung des Menschen und die Aufhebung der Ausbeutung des Menschen durch den Menschen - mit der stalinistischen Ausprägung des Bolschewismus konfrontiert bzw. gleichgesetzt wird, müssen wir uns (es ist hier leider nur sehr beschränkt möglich) kurz mit der durch Stalin geprägten Sowjetunion bis 1955 und der sogenannten Entstalinisierung auseinandersetzen.

Lenin sprach 1921 davon, daß die Kronstädter Matrosen, die sich zwischen dem 2. und 8. März 1921 gegen die Sowjetregierung erhoben - sie waren der gewaltigen, schon vier Jahre dauernden revolutionären Belastungen müde, auch gab es zahlreiche organisatorische und politische Fehlentscheidungen der Petrograder Parteiorganisation -, sich zwischen zwei Stühle hätten setzen wollen. »Das zeigt die Kronstädter Erfahrung. Dort will man die Weißgardisten nicht, will man unsere Macht nicht - eine andere Macht gibt es aber nicht.« Lenin meinte damit, daß die Kronstädter weder Kommunismus (Sowjetregierung) noch Kapitalismus (Zarenregierung bzw. Kerenskiregierung) wollten. Er konnte sich 1921 tatsächlich nur die Welt in der dialektischen Spannung zwischen absterbendem Kapitalismus und entstehendem Sozialismus denken. Heute hat der Kapitalismus neue Prädikate gewonnen, die allerdings seinen Grundwiderspruch - gesellschaftliche Produktion und private Aneignung - nicht aufheben. Der Sozialismus, der im Gefolge der siegreichen Oktoberrevolution in der Sowjetunion aufgebaut werden sollte, endete u. a. infolge der Niederlagenreihe des Proletariats in Europa und Asien in den zwanziger Jahren im totalitären Stalinismus.

Um der Ziele der Revolution willen, nämlich der Beseitigung der Zarenherrschaft und der Herrschaft des Kapitals, der Errichtung einer sozialistischen Sowjetunion, die Lenin nur für möglich hielt durch eine Kette von sozialistischen Revolutionen in den hochindustrialisierten Staaten Mitteleuropas (niemand konnte zu dieser Zeit die Verkehrung der revolutionären Ziele durch die stalinistische Herrschaft vorausahnen), *waren Lenin und Trotzki gezwungen,* die ehemaligen revolutionären Brüder, die Matrosen und Soldaten von Kronstadt und *deren Aufstand niederzuschlagen.* Hier hatte die repressive Gewalt, der Terror eine eindeutig aus der Situation heraus zu rechtfertigende soziale Funktion. Es geht uns nicht um eine Rechtfertigung jedweder Repression. Wir marxistischen Sozialisten unterscheiden sehr genau zwischen *notwendigem* und *zusätzlichem* Terror. Die Kriterien gewinnen wir aus der marxistischen Bedingungsanalyse der jeweiligen historischen Situation. Niemand soll uns eines Antihumanismus zeihen. Wieviel Terror (vom Gesinnungsterror bis zum physischen Terror) benötigt nicht schon ein bürgerlich-kapitalistischer Staat, um »seine Ordnung« aufrechtzuerhalten? Ein Staat, der ein in der Weltgeschichte noch nicht dagewesenes Gesellschaftssystem errichten möchte, der gegen die ungeheure Kraft eingewurzelter und anerzogener Denkvorstellungen kämpfen muß, kann um so weniger auf Repression verzichten. Unsere Analyse der Entwicklung der Sowjetunion nach dem Tode Lenins, die sich, wir dürfen und wollen es nicht verschweigen, sehr stark auf Leo Trotzki stützt, zeigt den fortlaufenden Abbau der Kriterien marxistischer Analyse (konkrete dialektische, d. h. revolutionäre Analyse der Grundlagen der eigenen Gesellschaft und ihrer Weltvermitteltheit), zeigt die damit parallel laufende Vernichtung marxistischer »Bearbeitung« der sowjetischen Gesellschaft.

Nach 1923, nicht zuletzt durch die schon damals verfehlte Moskau-Komintern-Politik, versandeten die revolutionären Bewegungen in Europa. Die Sowjetunion blieb weiterhin isoliert, was die Grundlage und Voraussetzung des stalinistischen Sieges wurde.

Nach dem Verbot der Sowjetparteien, einer »Maßnahme zum Schutz der Diktatur in einem rückständigen und erschöpften, von allen Seiten von Feinden umgebenen Land« (L. Trotzki, Kommunismus oder Stalinismus, 1947, S. 22), hatte sich noch unter Lenin ein Fraktionsverbot innerhalb der herrschenden Partei der Bolschewiki angeschlossen. Es galt die Auswirkungen (Entstehen kapitalistischer Kräfte) der auf dem 10. Parteitag (1921) beschlossenen teilweisen Rekapitalisierung (NEP) innerhalb der Kleindindustrie, des Handwerks und der Bauernschaft durch besondere Geschlossenheit der Bolschewiki zu kompensieren.

Verbot der Sowjetparteien und Fraktionsverbot, von Lenin und Trotzki eindeutig als temporäre Maßnahmen zum Schutze der Ergebnisse der Revolution gedacht, wurden unter Stalin systematisch ausgebaut und verschärft, wurden zum Grundpfeiler seiner Innenpolitik. Dem nicht zu rechtfertigenden und den Sozialismus in der Welt diskreditierenden zusätzlichen Terror der Stalinherrschaft lag keine sich aus der internationalen und nationalen Situation ergebende historische Notwendigkeit zugrunde, wie uns die Stalinisten der Gegenwart, die es natürlich in Ost und West gibt, mit aller Gewalt einprägen wollen. Wir wollen hier nicht die Frage der Notwendigkeit einer Diktatur des Proletariats als Übergangserscheinung zur sozialistischen Demokratie diskutieren. Für die Sozialisten in Mitteleuropa steht dieses Problem aktuell nicht zur Debatte. Höchstwahrscheinlich werden die sozialistischen Revolutionäre in den hochindustrialisierten kapitalistischen Staaten neue Wege in der Problematik einer sozialistischen Transformation ihrer Gesellschaft erschließen müssen. Ein marxistischer Sozialist ist Internationalist und treibt internationale Analyse, die ihn an einem bestimmten historischen Zeitpunkt durchaus zwingen könnte, das durch Jahrhunderte hindurch gedrillte bürgerliche Bewußtsein, das geradezu zu einer zweiten Natur des Menschen geworden ist, durch Zwangsmaßnahmen vielfältigster Art (hart und weich) zu verändern. Diese Diktatur muß in jedem Falle die Interessen der Mehrheit verkörpern, die sich in der andauernden schöpferischen Mitarbeit der Massen an der Gestaltung ihrer Gesellschaft (das Reich der Freiheit) ausdrücken müssen. »Die Diktatur des Proletariats ist ein zäher Kampf . . . gegen die Mächte und Traditionen der alten Gesellschaft« (Lenin, Bd. 31, 1959, S. 29). Sie »bildet die Brücke zwischen der bürgerlichen und der sozialistischen Gesellschaft. Ihrem Wesen nach ist sie somit zeitlich begrenzt. . . . Sehr wesentliche Aufgabe des Staates, der die Diktatur ausübt, besteht darin, seine eigene Aufhebung (damit auch die Aufhebung der Diktatur, A. J.) vorzubereiten . . . Ein Prüfstein für die erfolgreiche Durchführung der Hauptmission: den Aufbau der klassenlosen und von materiellen Widersprüchen freien Gesellschaft« (Trotzki, Die verratene Revolution, 1957, S. 54).

Bei Stalin wurde die Diktatur, die zweifellos in Theorie und Praxis »nur« eine Übergangserscheinung sein darf, eine manifeste, kaum vom deutschen Faschismus zu unterscheidende totalitäre Herrschaft. ». . . Stalinismus und Faschismus stellen trotz der tiefen Verschiedenheit ihrer sozialen Unterlagen symmetrische Erscheinungen dar. In vielen Zügen sind sie einander erschreckend ähnlich. Eine siegreiche revolutionäre Bewegung in Europa würde nicht nur den Faschismus, sondern auch den Sowjetbonapartismus erschüttern.« So schrieb Leo Trotzki in seinem schon erwähnten Buch »Verratene Revolution«, das erstmalig 1936 erschien.

Der sich also Ende der 20er Jahre herausbildende Stalinismus, der die Liquidierung der besten Kräfte der russischen Revolution (Trotzki, Bucharin, Kamenjev, Sinovjev, Radek u.a.m.) mit sich brachte, findet seinen makabren Höhepunkt in den grauenvollen, rein negativen, keinen Stachel des Fortschritts in sich tragenden Massenmorden der 30er und 40er Jahre. Die Aufsaugung der bolschewistischen Kader durch den Staatsapparat in den 20er Jahren hatte die sozialistische Demokratie in der Partei und in den Betrieben durchlöchert. Die Ausrottung der verbleibenden Kämpfer für den sozialistischen Internationalismus tötete die radikaldemokratische, d.h. sozialistische Intention der bisher größten Revolution der Welt. Die Sowjetunion - dies gilt es unbedingt festzuhalten - ist kein kapitalistischer Staat; sie ist auch nicht als staatskapitalistischer Staat zu verstehen. In der Sowjetunion sind die Produktionsmittel vergesellschaftet, und die Macht der kapitalistischen Konzerne ist für immer gebrochen. Ist aus der antikapitalistischen Bestimmung der Sowjetunion der sozialistische Charakter dieses Staates automatisch zu schließen? Mitnichten! Die Antwort auf diesen Fragenkomplex kann nur die konkrete marxistische Analyse der revolutionären Bewegungen der Welt und der faktischen Produktions- und Machtverhältnisse innerhalb der Sowjetunion beantworten. Wenn der Charakter der Besitzverhältnisse das ausschließliche Kriterium für den Charakter des Staates ist, warum hat Stalin dann zwischen 1925 und 1930 mit Trotzki den gewaltigen Kampf um die Möglichkeit des Aufbaus des Sozialismus in einem Lande geführt? Die Sowjetunion wäre doch, laut Besitzverhältnissen, schon eindeutig sozialistisch gewesen.

1964 sind in der Sowjetunion die *ökonomischen Voraussetzungen* zum Aufbau des Sozialismus *vorhanden* (hochentwickelte Industrie und relativ hoher Spezialisten-Bildungsstand). Den Anhängern des Stalinismus, die darauf hinweisen, daß Stalin diese wirtschaftlichen Voraussetzungen geschaffen hat, halten wir entgegen, daß bei einem weiteren Ausbau der sozialistischen Demokratie sowohl die Industrialisierung als auch die vom Sozialismus nicht zu trennende Humanisierung und Mündigmachung der sowjetischen Gesellschaft erfolgt wäre. Durch die Politik Stalins, die zu einem »Unsichtbarwerden der sozialistischen Perspektive in der Welt« (Lukács, Forum, April 1964, S. 182) führte, ist der Idee von der Befreiung des Menschen kaum übersehbarer Schaden zugefügt worden. Es fehlen in der heutigen Sowjetunion noch vollständig die *politischen Voraussetzungen* für den Aufbau des Sozialismus, nämlich schonungslose Abrechnung mit der eigenen stalinistischen Vergangenheit. Wie kann sich in der Sowjetunion der sozialistische Humanismus durchsetzen ohne vollständige Enthüllungsanalyse der reinen Negativität der Massenmorde, der Liquidierung des radikal-demokratischen Potentials der Bolschewiki? Die Rehabilitierung der besten Söhne der Revolution (Trotzki, Bucharin, Radek u.s.w.) wäre der erste Schritt zur Überwindung der stalinistischen Auswüchse. Wir können die Sowjetunion nicht als sozialistische Gesellschaft anerkennen, solange der Stalinismus mit allen seinen Prädikaten nicht radikal in der sowjetischen politischen Praxis verschwunden ist. Das Umbetten Stalins, das Abreißen seiner Denkmäler ist für uns kein Indiz einer durchgeführten Entstalinisierung!! Wir lassen uns hierbei leiten vom dringenden Appell des ehrlichen Marxisten Georg Lukács: ». . . kritische Bestandsaufnahme der Gegenwart . . . Dabei ist als Voraussetzung die Abrechnung mit dem Stalinschen Erbe für die sozialistische Weltanschauung evident . . .« (Forum, April 1964, S. 183).

Ein Chruschtschow bleibt hinter dieser Forderung weit zurück, wenn er sagt: »W.I. Lenin hat Stalin für einen Marxisten, für einen hervorragenden Funktionär unserer Partei, der der Revolution ergeben ist, gehalten . . . Die Partei hat die groben Verletzungen von Lenins Normen des Parteilebens, die Stalin zugelassen hat, die Willkür und seinen Mißbrauch der Macht verurteilt und verurteilt sie jetzt. Bei all dem würdigt die Partei in angemessener Weise die Verdienste Stalins vor der Partei und der sozialistischen Bewegung. Wir sind auch jetzt der Meinung, daß Stalin dem Kommunismus ergeben war; daß er ein Marxist gewesen ist. Das kann man und darf man nicht leugnen . . . Als man Stalin beisetzte, hatten viele, darunter auch ich, Tränen in den

Augen. Das waren aufrichtige Tränen.« (Pravda, 10. 3. 1963). Lenin kannte Stalin als den revolutionären Kämpfer, der in Petrograd, Moskau, Baku und Astrachan als Organisator der bolschewistischen Partei tätig war, der den Sieg über Koltschak bei Zarizyn im Bürgerkrieg erkämpfte. (Wir wollen hier von den sehr kritischen Äußerungen Lenins über Stalin in seinem »Testament-Brief« absehen.) Wir kennen und schätzen diesen Stalin, wir wissen aber auch von einem Stalin, der mit den brutalsten Mitteln die Landwirtschaft kollektivierte, dabei Millionen von sowjetischen Bürgern sinnlos ermordete, von einem Stalin, der in riesigen Schauprozessen die »Garde der Revolution« zum Tode verurteilte, der die Sowjetunion zu einem Hort der Angst werden ließ.

Wie kann der Vorsitzende einer marxistischen Partei über den Zerstörer des Ansehens des Sozialismus in der Welt solche Worte verlieren?

Wir wissen nicht, ob in der Sowjetunion während der nächsten Jahre der Stalinismus überwunden wird, der sozialistische Humanismus durchbrechen wird. Wir wissen allerdings aus der Analyse der vergangenen und gegenwärtigen sowjetischen Gesellschaft, daß seit ca. 1925 keine echte marxistische Analyse dort betrieben wurde. Marxistische Dialektik, d. h. revolutionäre Aufdeckung und Beseitigung der in der Gesellschaft bestehenden Widersprüche, wurde im Interesse der Machterhaltung der Bürokraten und Technokraten ausgeschaltet. Die Revision des Marxismus findet ihren Ausdruck in einem an die Sozialdemokratie erinnernden Reformismus: »An die Stelle der Theorie ist die Bürokratie, an jene der Aufklärung und humanistischen Erziehung die Sorge um das ›Funktionieren‹ des Bestehenden getreten.« (L. Kofler, Der proletarische Bürger, 1964, S. 7). Das Bestehende ist zwar ein antikapitalistischer, aber, wie wir zeigten, noch durchaus kein sozialistischer Staat. Das Volk von Radistschew, Pestel, Puschkin, Lermontov, Herzen, Belinskij, A. Uljanov, Trotzki, Gorki und Lenin hat so viel Großes in seiner Vergangenheit, hat so große Pespektiven für seine Zukunft, daß es keinen Grund hat, vor einer schonungslosen Abrechnung mit einer gefährlichen Vergangenheit und ihrem schädlichen, gefahrdrohenden Erbe zurückzuschrecken!

Eine revolutionsreife Wirklichkeit fällt nicht vom Himmel

(Über das Verhältnis von Theorie und Praxis)

»Der wichtigste Faktor des Zerfalls des kapitalistischen Systems«, schrieb der russische Revolutionär Bucharin in seinem Buch »Die Ökonomik der Transformationsperiode« (1921), »ist die Auflösung der Verbindung zwischen den imperialistischen Staaten und ihren zahlreichen Kolonien«. War diese Feststellung zu seiner Zeit schon in Ansätzen sichtbar, so ist sie für uns heute offenbar. Nationalaufstände, Kolonialaufstände, kurz, nationale Befreiungskriege zwangen in den meisten Fällen die ehemaligen Kolonialherren zur Aufgabe ihrer sichtbaren Herrschaft; in diesen Ländern geblieben ist noch die versteckte ökonomische Machtstellung, die die neuen Staaten weiterhin in Abhängigkeit hält. Diesem weltpolitisch so entscheidenden Prozeß des Zerfalls des ehemaligen Kolonialreiches läuft parallel ein Prozeß einer gewissen Auflösung des ehemals durch Gewalt monolithisch gehaltenen Ostblocks. Wir können sogar von einer Verschiebung der Achse der Weltwirtschaft sprechen, denn die sich von der Unterdrückung und Bevormundung fremder Mächte befreienden Nationen entfalten sich immer mehr zu eigenständigen Faktoren der Weltwirtschaft, die sich mit den »Resten« des »Profitkuchens« nicht mehr zufrieden geben, was wiederum zu gewaltigen »volkswirtschaftlichen« Schwierigkeiten, nämlich Profitschwierigkeiten innerhalb der ehemaligen Kolonialländer führt, die allerdings in gewisser Weise durch Kapitalexport und »Entwicklungshilfe« kompensiert werden können. Kapitalexport und »Entwicklungshilfe« führen über kurz oder lang - starke Ansätze sind schon in Lateinamerika und Afrika, natürlich auch schon in Asien (Indien, Indonesien) sichtbar - zur Herausbildung eines riesigen Proletarierheeres, das bei entsprechender »Bearbeitung« durch revolutionäre Eliteparteien (Avantgarde), ich denke z. Z. besonders an Lateinamerika, wo die revolutionäre Stoßkraft des entstehenden Industrieproletariats nicht durch den Taumel über die nationale »Unabhängigkeit« (wie in Afrika) verdrängt werden kann, die »Schlüsselkraft« der Revolutionierung eines Kontinents sein wird - damit Ausgangspunkt einer gewissen Strukturveränderung der Welt. Denn es ist einsichtig, daß ein sozialistischer Kontinent Lateinamerika auch die scheinbar starren Gesellschaften der hochentwickelten kapitalistischen Staaten nicht unberührt lassen wird.*

In diesem Augenblick wird vielleicht nicht mehr der revolutionäre Gedanke des europäischen Revolutionärs allein zur Wirklichkeit drängen, sondern die europäische Wirklichkeit wird zum revolutionären Gedanken drängen. Bei Marx heißt es in der Einleitung zur Kritik der Hegelschen Rechtsphilosophie: »Die Revolutionen bedürfen nämlich eines passiven Elementes, einer materiellen Grundlage. Die Theorie wird in einem Volke immer nur so weit verwirklicht, als sie die Verwirklichung seiner Bedürfnisse ist. Wird nun dem ungeheuren Zwiespalt zwischen den Forderungen des deutschen Gedankens und den Antworten der deutschen Wirklichkeit derselbe Zwiespalt der bürgerlichen Gesellschaft mit dem Staate und mit sich selbst entsprechen? Werden die revolutionären Bedürfnisse unmittelbar praktische Bedürfnisse sein? Es genügt nicht, daß der Gedanke zur Verwirklichung drängt, die Wirklichkeit muß sich selbst zum Gedanken drängen.«

Müssen wir für uns heute den Zwiespaltgedanken von Staat und Gesellschaft ablehnen - Staat und Gesellschaft bilden in der Gegenwart eine Identität -, so gelten die anderen Sätze unumschränkt. Unsere Gedanken, die zur Wirklichkeit drängen, auf Verwirklichung des Gedankens aus sind, müssen auf eine Wirklichkeit treffen, die schon so in Bewegung geraten, so schwanger von Enthüllungswillen ist, daß der revolutionäre Gedanke, die revolutionäre Theorie, »nur«

* Wie wenig von Sozialismus in Osteuropa und der Sowjetunion, von der Volksrepublik China ganz zu schweigen, die Rede sein kann, ersehen wir unter anderem an der neuen Schulgesetzgebung in Polen und der DDR, die in kürzester Frist die Schüler und Studenten in den Produktionsprozeß integriert und jede Selbständigkeit des Denkens über Gesellschaft, kritisches Denken überhaupt, beim »zukünftigen Menschen« ausschließt.

noch der Ausdruck der Bewußtwerdung und Bewußtmachung der gesellschaftlichen Wirklichkeit ist, unmittelbar, von den Massen ergriffen, zur »materiellen Gewalt« wird. Solch eine revolutionsreife Wirklichkeit fällt natürlich nicht vom Himmel, sondern ist der Ausdruck der objektiven und subjektiven Dialektik des geschichtlichen Prozesses, soll heißen, Ausdruck der Entfaltung der Produktionskräfte in der Welt und Ausdruck der revolutionären Aufklärungstätigkeit der Avantgarde der Menschheit, der Avantgarde des potentiellen und teilweise aktuellen Proletariats. Die Basiskraft der zukünftigen Gesellschaft, die von der Avantgarde »bearbeitet« wird, kann nur die Klasse von Menschen sein, die sich als identisches Subjekt-Objekt der kapitalistischen Gesellschaft begreift und erfährt. Marx fand in der frühkapitalistischen Gesellschaft im Industrieproletariat dieses identische Subjekt-Objekt, damit zwar nicht den Träger der bisherigen Weltgeschichte, aber den Träger und Gestalter der kapitalistischen Gesellschaft. Heute ist es in den hochentwickelten Industriestaaten Mitteleuropas unüblich geworden, vom Proletariat zu sprechen, obwohl wir per definitionem, nämlich das Nichthaben von Produktionsinstrumenten als charakteristisches Merkmal, durchaus den Begriff Proletariat sinnvoll benutzen können und müssen. Das potentielle Proletariat ist vorhanden, es fehlt die Bewußtmachung der in dieser mitteleuropäischen Gesellschaft steckenden Möglichkeiten den potentiellen Proletariern gegenüber. Hier muß die permanente Aufklärungs- und Enthüllungsanalyse der aktuell und bewußt-revolutionären Kräfte einsetzen. In »Geschichte und Klassenbewußtsein« (1923) von G. Lukács heißt es noch: »Die Theorie dient dazu, das Proletariat zum Bewußtsein seiner Lage zu bringen, d. h. es zu befähigen, sich selbst zu erkennen.« Diese Bewußtwerdung soll dann die treibende Kraft der gesellschaftlichen Entwicklung sein.

In den hochentwickelten Industriegesellschaften des Westens erfährt sich das potentielle Proletariat kaum noch als Objekt im alten Sinne, d.h. als denkendes Tier, das vom animalischen Hungertod täglich bedroht ist. Die sozialstaatliche Befriedigung der Bedürfnisse garantiert in »wohlstandsgemäßer« Weise die Bedingungen der Reproduktion des Lebens (von zukünftig durchaus möglichen Krisen und

Inflationen in der EWG u.a.m. möchte ich absehen, weil die Betonung der Möglichkeit von Krisen sehr oft die Hoffnung auf die Krise, damit Warten auf die Krise impliziert). Der Objektcharakter des potentiellen Proletariats wird heute in der Bundesrepublik z. B. in der »wahlperiodischen Neuinszenierung einer politischen Öffentlichkeit« (Habermas), in der es als Basiskraft benutzt wird, um Einzelpersonen zur Macht zu verhelfen. Allgemein gesprochen: der Objektcharakter des potentiellen Proletariats wird in den heutigen kapitalistischen Industriegesellschaften des Westens in allen Bereichen des gesellschaftlichen Lebens sichtbar, nur wird er nicht im unmittelbaren animalischen Hunger erfahren. Eine dialektische Analyse der gegenwärtigen mitteleuropäischen »Wohlstandsgesellschaft« kann allerdings nicht umhin festzustellen, daß die sozialstaatliche Bedürfnisbefriedigung ein Korrelat zu der frühkapitalistischen Ausbeutung der Arbeiter und Bauern in Lateinamerika, Afrika und Asien ist. Heute haben wir tatsächlich eine Zweiteilung der Welt erreicht (ich denke hier nicht an die Verbalwahrheiten von der Trennung der Welt in kapitalistische und sozialistische Länder), nämlich die Trennung der Welt in reiche und arme Länder. War in der frühkapitalistischen Phase des heutigen Imperialismus die Trennung zwischen arm und reich innerhalb eines Landes offensichtlich, man sprach nicht umsonst von den zwei Nationen eines Landes – so hat sich dieser Widerspruch des Kapitalismus auf der erweiterten Basis der Welt reproduziert. (Der auf der vor kurzem beendeten Welthandelskonferenz ausgehandelte Kompromiß konnte den heutigen Grundwiderspruch zwischen den Industriestaaten und den »Entwicklungsländern« nicht überbrücken). Überspitzt gesagt, das hochindustrielle Mitteleuropa (West) konsumiert, produziert natürlich auch, weil die nichtentwickelten Länder bisher, teilweise weiterhin, billige Rohstofflieferanten und Abnehmer von teuren Fertigwaren sind. Für die Revolutionäre in Mitteleuropa haben diese Tatbestände natürlich große Folgen. Die Hauptfolge ist, daß jede Analyse bundesrepublikanischer Gesellschaft z. B. völlig daneben gehen muß, geradezu reaktionär wird, wenn sie von der internationalen Vermitteltheit der scheinselbständigen Momente der Nationalstaaten absieht.

Ja, Hegel konnte noch zwischen 1810 und 1830 schreiben »Die Weltgeschichte geht von Osten nach Westen, denn Europa ist schlechthin das Ende der Weltgeschichte ... Europa bildet das Bewußtsein, den vernünftigen Teil der Erde, das Gleichgewicht von Strömen, Tälern und Gebirgen – dessen Mitte Deutschland ist.« Weder Deutschland noch Europa sind in der Gegenwart die Träger der Weltgeschichte. War Europa in der ersten Hälfte des zwanzigsten Jahrhunderts schon unendlich vermittelt und verflochten mit der Weltwirtschaft, so sind heute die letzten Anzeichen einer Scheinselbständigkeit der mitteleuropäischen Länder verschwunden. Der beste Bolschewik nach Lenin, Trotzki, sagte 1929, d. h. nach seiner Ausschaltung in der Sowjetunion, in seinem Buch »Die internationale Revolution und die Kommunistische Internationale«: »In unserem Zeitalter, welches ein Zeitalter des Imperialismus, d. h. der Weltwirtschaft und der Weltpolitik ist, welche durch das Finanzkapital beherrscht werden, vermag keine einzige nationale Sektion ihr Programm lediglich oder auch nur vorwiegend aus den Bedingungen und Tendenzen der nationalen Entwicklung heraus aufzubauen« (1929, S. 13). Wir gehen mit Friedrich Tomberg konform, wenn er im »Argument« Nr. 26 (S. 47) sagt: »Es steht aber nirgendwo geschrieben, die Geschichte habe erst die Bewilligung der Europäer einzuholen, ehe sie sich anschicke fortzuschreiten.« Wie sehr Europas Gewicht innerhalb der Weltgesellschaft gefallen ist, wird u. a. daraus ersichtlich, daß der Anteil Westeuropas (England, West- und Mitteleuropa) an der industriellen Weltproduktion in der Zeit von 1860 bis 1960 von ca. 80% auf rund 25% in der Gegenwart zurückgegangen ist.

Jeder kritische Denker mitteleuropäischer bzw. bundesrepublikanischer Gesellschaft, der die vermittelten Kategorien Europa bzw. Bundesrepublik unvermittelt und isoliert zu Subjekten ohne weltgesellschaftliche Prädikate macht, fällt in den »Verblendungszusammenhang« zurück, den er entschleiern möchte, nimmt er doch nicht die Gewalt einer dialektischen Analyse der in dieser Epoche welthistorisch relevanten Kräfte auf sich, um daraus praktische Folgerungen zu ziehen. »Wir stehen mitten im Werden, im Sich-Herausbilden der Weltgeschichte, eben nicht darum, weil alle

Staaten und Nationen umeinander wissen, sondern darum, weil sie einander beeinflussen, in Zukunft mehr und mehr beeinflussen« (F. Sternberg, Wer beherrscht die zweite Hälfte des 20. Jahrhunderts?, 1961, S. 339).

Für den kritischen Denker, der die Faktizitäten des jeweils eigenen Staates durch das Totum (Welt – als vermittelter Einzelinhalt) konkret vermittelt weiß, für den das objektive Moment der Entfaltung der Produktivkräfte in der Welt nicht zu trennen ist von der subjektiven Tätigkeit der aufklärerisch-revolutionären organisierten Avantgarde, ist ein »Stillstand der Geschichte« als Resultat einer dialektischen Analyse unmöglich. Ich muß jedem, der von einem »Stillstand der Geschichte«, von »Aufdeckung von Repression festigt Repression« usw. spricht, vorwerfen , daß er 1) partikulare, d. h. falsche Analyse von nationalstaatlichen Gesellschaften als »letzte Weisheiten« einem »unbearbeiteten« Publikum darbietet, daß er 2) die organisierte Kraft von Menschen als bestimmendem Faktor der geschichtlichen Entwicklung »vergißt«.

Eine »konkrete« Analyse der Bundesrepublik, die zu dem Ergebnis kommt, daß »die gesellschaftlichen Mechanismen so reibungslos ineinandergreifen, daß sie zulassen können, daß die Wahrheit über sie ausgesprochen wird. Bewußtsein greift nicht mehr ein«, ist falsch und gefährlich, mißachtet sie doch die tiefen Erfahrungen der bisherigen Weltgeschichte, in der gesellschaftliche Wahrheiten in Form einer Theorie nur dann unmittelbar gesellschaftliche Wirklichkeit veränderten, wenn sie von organisierten Massen konkret getragen wurden. Die herrschenden Kreise der Bundesrepublik billigen dem kritischen Bewußtsein von Privatleuten, die keinerlei politisch-gesellschaftlich relevante Kraft darstellen, jedes nur gewünschte Reservat zu. ». . . professionelle Dialoge vom Katheder, Podiumsdiskussionen, round table, show - das Räsonnement der Privatleute wird zur Programmnummer der Stars in Funk und Fernsehen, wird kassenreif zur Ausgabe von Eintrittskarten, gewinnt Warenform auch noch da, wo auf Tagungen sich jedermann ›beteiligen‹ kann. Die Diskussion, ins ›Geschäft‹ einbezogen, formalisiert sich; Position und Gegenposition sind im vorhinein auf gewissen Spielregeln der Darbietung verpflichtet; Konsensus in der

Sache erübrigt sich weitgehend durch den des Umgangs ... Das derart arrangierte Räsonnement erfüllt gewiß wichtige sozialpsychologische Funktionen, vorab die eines quietiven Handlungsersatzes« (J. Habermas, Strukturwandel der Öffentlichkeit, 1962, S. 182). Weiterhin ist es notwendig, daß besonders für die deutsche Analyse die 30jährige Verhüllungstätigkeit der bedeutendsten deutschen Arbeiterparteien (SPD, KPD, NSDAP) als bedingendes Moment gegenwärtiger »Immunität« der Massen gegenüber gesellschaftlichen Wahrheiten herangezogen wird. Das in den meisten Klassen der 80er und 90er Jahre im 19. Jahrhundert bis in die 30er Jahre des 20. Jahrhunderts vorhandene tiefe Wissen um die Herr-Knecht-Problematik, das Wissen um die Widersprüche in Mitteleuropa, ist in den letzten dreißig Jahren einer ungeheuren Entmündigung der arbeitenden Schichten des Volkes gewichen.

Es gibt in der Bundesrepublik auch heute ausgezeichnete Analysen, die in der Hauptsache von der »institutionalisierten Kulturkritik« (Adorno, Horkheimer) und der »linken Professorenschaft« (H. Bahrdt, v. Friedeburg, Lieber, Habermas, Bloch u.a.m.) geleistet werden.

Wir fragen uns allerdings, wie es möglich ist, daß bei diesen hervorragenden Denkern die in der gegenwärtigen bundesrepublikanischen Wirklichkeit völlig unverständliche Trennung von Denken und Sein, von Theorie und Praxis, weiterhin durchgehalten werden kann?!

Dieser Text ist ein Beitrag zu den Differenzen, die 1964 in der ›Subversiven Aktion‹ bzw. der ›ANSCHLAG-Gruppe‹ (ihrer Berliner ›Sektion‹), deren Mitglied Rudi Dutschke war, auftraten. Rudi Dutschke wendet sich hier zum ersten Mal polemisch gegen eine Strömung, die die traditionellen klassenanalytischen Bestimmungen für unzureichend erklärte und die These entwickelte, der sog. Überbau - der in der klassischen marxistischen Lehre eine untergeordnete Rolle spielt - habe heute selber materielle Bedeutung gewonnen (z. B. in der Kulturindustrie): den Alltagserfahrungen komme eine neue revolutionäre Bedeutung zu.

Genehmigte Demonstrationen müssen in die Illegalität überführt werden

(Brief zum Münchner Konzil der ›Subversiven Aktion‹, April 1965)

Die bisher nicht erfolgte Fertigstellung von Anschlag 3 ist ein Indiz für meine Vermutung, daß wir in einer theoretischen Krise stecken, die nur durch konsequente und systematische theoretische Anstrengung überwunden werden kann. Die theoretische Krise bezieht sich »nur« auf die Revolutionstheorie, stelle ich doch damit nicht die individuell-fruchtbaren Arbeiten über verschiedene Themata in Frage. Verstehen wir uns weiterhin als revolutionäre Gruppe, so hat sich dies in erster Linie (unter unseren spezifischen Bedingungen, wovon noch später die Rede sein wird) theoretisch auszuweisen im *richtigen Bewußtsein* einer Praxis, die die Veränderung der Welt zum Ziele hat. »Die konkreten Bedingungen für die Verwirklichung der Wahrheit mögen variieren, aber die Wahrheit bleibt dieselbe (Aufhebung der Arbeit, die Verwendung der vergesellschafteten Produktionsmittel für die freie Entwicklung aller Individuen, R. D.), und die Theorie bleibt in letzter Instanz ihr Hüter . . . die Praxis folgt der Wahrheit, nicht umgekehrt.« (H. Marcuse, Vernunft und Revolution, Darmstadt 1962, S. 282).

Methodische Vorbemerkung:

Die Kritik der politischen Ökonomie, die theoretische weltrevolutionäre Tätigkeit, »ist methodologisch auf die Hegelsche Lehre von der Auflösung der Unmittelbarkeit durch die Aufzeigung der historischen Vermittlungskategorien durch die konkrete, historische Genesis begründet.« (G. Lukács, Moses Hess und die Probleme der idealistischen Dialektik, in: Archiv für die Geschichte des Sozialismus, 1926, S. 149). Sie ist bei Marx durch eine Reihe von

Kategorien bestimmt, deren Reihenfolge weder logisch noch historisch festgelegt ist, sondern deren Folge sich bestimmt »durch die Beziehung, die sie in der modernen bürgerlichen Gesellschaft aufeinander haben.« (K. Marx, Zur Kritik der politischen Ökonomie, Ost-Berlin 1958, S. 265). Damit erhielt die materialistische Dialektik durch Marx das von Hegel noch unauffindbare Realfundament. »Die Kritik der politischen Ökonomie steht nicht mehr als eine Wissenschaft neben den anderen, ist nicht bloß als »Grundwissenschaft« den anderen übergeordnet, sondern sie umfaßt die gesamte Weltgeschichte der »Daseinsformen« (der Kategorien) der menschlichen Gesellschaft.« (G. Lukács, Moses Hess, a.a.O., S. 152). Die materialistische Dialektik der Gegenwart hat als Theorie »das Wesen der Wirklichkeit« zu reproduzieren, ihre Kategorien müssen wieder »Existenzformen« der Wirklichkeit selbst sein. Es gilt nun mit der Marxschen Methode zu überprüfen, ob die Marxschen Kategorien (Kapital, Lohnarbeit, Grundeigentum). Ihre Beziehung zueinander. Stadt und Land. Die drei großen gesellschaftlichen Klassen. Austausch zwischen denselben. Zirkulation. Kreditwesen (private). Zusammenfassung der bürgerlichen Gesellschaft in der Form des Staates. In Beziehung zu sich selbst betrachtet. Die »unproduktiven« Klassen. Steuern. Staatsschuld. Öffentlicher Kredit. Die Bevölkerung. Die Kolonien. Auswanderung. Internationales Verhältnis der Produktion. Internationale Teilung der Arbeit. Internationaler Austausch. Aus- und Einfuhr. Wechselkurs. Der Weltmarkt und die Krisen. (K. Marx, Zur Kritik der politischen Ökonomie, a.a.O., S. 266), noch immer die bestimmenden, auch in dieser *Reihenfolge* bestimmenden Faktoren der *Tauschgesellschaft* sind. Für Marx ist, um es expressis verbis klarzustellen, »Das Kapital ... die alles beherrschende ökonomische Macht der bürgerlichen Gesellschaft. Es muß Ausgangspunkt wie Endpunkt bilden und von dem Grundeigentum entwickelt werden. Nachdem beide besonders betrachtet sind, muß ihre Wechselbeziehung betrachtet werden.« (K. Marx, a.a.O., S. 265).

Kapital, Lohnarbeit und Besitz an Produktionsmitteln bzw. Grundeigentum bilden heute wie zu Marxens Zeiten die Grundlage der antagonistischen Gesellschaft - mit einem großen Unterschied und dieser Unterschied kann nicht oft genug betont werden; *früher konstituierten diese Grundkategorien einen sich als Naturgesetz durchsetzenden ökonomischen Zwangszusammenhang, der sich in Verelendung, Entmenschlichung und regelmäßigen Krisen mit potentieller Revolution auswies.* Davon kann spätestens seit dem 2. Weltkrieg für die Industrienationen keine Rede mehr sein, auch der Hinweis, daß die gegenwärtige Stabilität der westlichen Wirtschaft nur durch die latente und offene Kriegswirtschaft bedingt sei (Mandel, Horkheimer), kann die Stellenwertveränderung der Marxschen Kategorien nicht verdecken. Im Gegenteil. Gerade dieser Hinweis weist in eine Richtung, die die Bedeutung der Kategorien Lohnarbeit, Kapital, Grundeigentum zwar nicht aufgehoben hat, sie aber neutralisiert und unterlaufen hat, in die Richtung des unsere Gegenwart entscheidend mitbestimmenden Ost-West-Konflikts. Dieser und der Konflikt Industrieländer/Entwicklungsländer beherrschen das Gesicht unserer einen Welt in unserer Zeit, gerade weil wir erstmalig Weltgesellschaft in einem Realsinn wie nie zuvor geworden sind, müssen wir schnellstens eine der Gegenwart angemessene Reihenfolge der unsere Welt beherrschenden Kategorien (Daseinsformen, Existenzformen) analytisch erarbeiten.

Natürlich können wir den noch verbliebenen »irdischen Kern« der europäischen Arbeiterbewegung durch Analyse herausdestillieren, können sogar in unserer aktuellen Gegenwart noch die Reste und ihre Ausläufer durch härteste Anstrengungen aktivieren (anläßlich Notstandsgesetzgebung, Metallarbeiterstreiks usw.) - über die Gegenwart in einem wirklichen, d.h. wirkenden Sinne weist diese Praxis weder aktuell noch potentiell voll hinaus. Ich stelle die Notwendigkeit und Wichtigkeit der Aktivierung bzw. Bewußtmachung von Arbeitern im Betrieb nicht in Frage, ich stelle auch nicht die Möglichkeit dieser Praxis in Frage. Ich möchte jetzt die Marxsche Methode anwenden, d. h. die heutigen materiellen Verhältnisse der Produktion und Reproduktion des Lebens in ihren Auswirkungen auf das gesellschaftliche Bewußtsein kurz untersuchen.

Die aus dem totalen Prozeß der Technologisierung der Produktion notwendigerweise (jedenfalls unter den herrschenden Produktionsverhältnissen) sich entwickelnde technologische Rationalität soll nun historisch-genetisch skizziert werden. Dieser Wechsel (von kritischer in technologische Rationalität) ist nicht der einfache Reflex der technologischen Maschinerie auf seine Benutzer oder der Massenproduktion auf ihre Konsumenten. »Er (der Wechsel, R. D.) ist selbst ein determinierender Faktor in der Entwicklung der Maschinerie und Massenproduktion.« (H. Marcuse, Some Social Implications of Technology, in: Zeitschrift für Sozialforschung, 1941, S. 415). Die »wirklichen Lebensverhältnisse« als Subjekt-Objekt-Beziehung des »aktiven Verhaltens des Menschen zur Natur« sind so die Einheit von sowohl Produktionsweise, Gesamtheit der Produktionsinstrumente, die unsere Gegenwart und die Vergangenheit hervorgebracht haben und hervorbringen, als auch die sozialen Institutionen, Beziehungen und Verhaltensmuster - diese Subjekt-Objekt-Einheit ist das herrschende Falsche, das, was uns alle beherrscht und unterdrückt. Das Prinzip des Individualismus ist das Prinzip der Autonomie des Denkens und die »Freiheit der autonomen Marktsubjekte« (s. o.). Das »freie Spiel« der ökonomischen Subjekte, der freie Wettbewerb des Marktes erforderten individuelle und autonome Rationalität, auch in der Verhüllung noch die kritische Rationalität nicht voll verlierend. »Die moderne Industrie betrachtet und behandelt die vorhandene Form eines Produktionsprozesses nie als definitiv. Ihre technische Basis ist daher revolutionär, während die aller früheren Produktionsweisen wesentlich konservativer war. Durch Maschinerie, chemische Prozesse und andere Methoden wälzt sie beständig mit der technischen Grundlage der Produktion die Funktionen der Arbeiter und die gesellschaftlichen Kombinationen des Arbeitsprozesses um. Sie revolutioniert damit ebenso beständig die Teilung der Arbeit im Innern der Gesellschaft und schleudert unaufhaltsam Kapitalmassen und Arbeitermassen aus einem Produktionszweig in den anderen.« (K. Marx, Kapital I, S. 512). Die Folge dieses Prozesses (Mechanisierung und Rationalisierung) war das Verschwinden der »kleinen Fische« im »Rachen« der großen Konzerne. Das »freie ökonomische Subjekt« war liquidiert; die Grundlagen der bisherigen individuell-autonomen Rationalität beseitigt bzw. zutiefst gefährdet. Nur eine radikale Koordination der Großunternehmen, geplante Interventionen (zur Rationalisierung des Prozesses gehört nicht nur eine Rahmenplanung), nur volle Auskalkulierung ermöglicht heute einen Platz innerhalb des Weltmarktes. Die so aus Mechanisierung und Rationalisierung notwendigerweise entstehende technologische Rationalität bringt eine Meinungsstandardisierung und eine Verinnerlichung der Normen des Apparats mit sich. (»Apparat verstanden als Institutionen, Verhaltensweisen und Organisationen der Industrie in ihrer vorherrschenden gesellschaftlichen Form.« (H. Marcuse, Some Social Implications . . ., a.a.O., S.417). Lewis Mumford spricht von einer »objektiven Personalität«, besser vielleicht als Objekt-Personalität zu bezeichnen, die durch permanente Beherrschung und Versagung alle individuelle Spontaneität der Maschine, der sie sich unterwerfen muß, überträgt. Standardisierte Effektivität und Produktivität wird vom *noch* notwendig falschen Bewußtsein als Individualität und freie Entscheidung mißverstanden. In der Produktion des Industriebetriebes wird der Objekt-Charakter des Menschen besonders darin sichtbar, daß er nur mehr Zubehör der Maschine ist, nur seine Totalunterwerfung und sein Gehorsam gewährleisten die Effektivität und Produktivität des Ganzen. Die sozio-ökonomische Herrschaftsstruktur »erhält ihre Macht nicht durch Gewalt. Sie erreicht es, indem sie sich selbst identifiziert mit dem Glauben und der Loyalität der Menschen.« (Th. Veblen, The Instinct of Workmanship, New York 1922, S. 315). Diese wiederum sind bestens präformiert . . . Doppelunterdrückung schließt den für die Revolutionierung des Ganzen erforderlichen Ausbruch, einen Ausbruch der mit Spontaneität und freier Entscheidung (bewußter) gekoppelt sein muß, aus. Die transzendierendes Denken ausschließende technologische Rationalität - ist doch ein solches für die herrschende Rationalität irrational, »politisches Verbrechen« und »technische Dummheit« - beherrscht die heutigen Industriegesellschaften. Sie untergräbt immer mehr ein Denken über unerfüllte Potentialitäten der Gesamtgesellschaft. »Die ›Mechanismen der Konformität‹ gehen von der technologischen zur sozialen Ordnung über; sie beherrschen die Leitung nicht nur in den Fabriken und Läden, sondern auch in den Büros,

Schulen und schließlich im Bereich der Erholung und der Unterhaltung.« (H. Marcuse, Some Social Implications . . ., a.a.O., S. 421). Läßt sich denn überhaupt aus der obigen Darstellung noch revolutionäre Praxis theoretisch ausweisen? Schien diese Darstellung nicht auf »alle Mauselöcher sind verstopft« hinauszulaufen? Nein, es war nur der Versuch, sich der Empirie zu bemächtigen (s. o.).

In den folgenden Passagen geht es nun endlich um die für uns mögliche und sinnvolle Praxis, um Formulierung einer Praxis, die die der Theorie niederlegt »zu einer Stellungnahme, in der die Dualität von Theorie und Praxis aufgehoben wird, indem die Gegenwart einerseits als konkrete und unmittelbare erfaßt, aber als Resultat des Geschichtsprozesses, also genetisch . . . begriffen wird, andererseits aber . . . die Gegenwart als bloßes Moment des über sie hinausgehenden Prozesses aufzeigt. Denn gerade diese kritische Stellungnahme zur Unmittelbarkeit der Gegenwart bringt sie in Beziehung zur menschlichen Aktivität: in den über sich selbst hinaustreibenden Momenten der Gegenwart sind die Richtlinien und der reale Spielraum der praktisch-kritischen Tätigkeit, der umwälzenden Praxis gegeben.« (G. Lukács, Moses Hess, a.a.O., S. 145). Die schon auf verschiedenen Seiten angedeuteten »über sich selbst hinausweisenden Momente der Gegenwart« fassen wir hier kurz zusammen:

Die »globale Konkurrenz zwischen Kapitalismus und Kommunismus, die die höchstmögliche Steigerung der Produktivität und die höchstmögliche Rationalisierung der Arbeit in beiden Systemen zur Existenzfrage macht« (H. Marcuse, Freiheit: von oder zu, Westdeutscher Rundfunk, Dez. 1964, S. 6), überspielt die der völligen Automation entgegenstehenden Tendenzen (Gewerkschaften, die für eine systematisch-dosierte Steigerung der Automation sind! Furcht vor eventuellen Arbeitslosenheeren. Finanzierungsfrage der Automation.). Die tendenziell völlige Arbeitslosigkeit muß für uns, für unsere Praxis der entscheidende Fixpunkt sein. Von diesem *für uns* ökonomischen Endziel des technologischen Prozesses her muß sich unsere Strategie konstituieren, müssen sich die einzelnen Schritte theoretisch ausweisen lassen. Potentiell steht an dem anvisierten Punkt der Zusammenbruch der repressiven Arbeitsmoral, damit der darauf beruhenden sozialen Institutionen in ihrer ganzen Vielschichtigkeit; könnten auch »diese Herrschaftsformen ... nicht mehr als technologische Notwendigkeit, als Garanten der gesellschaftlichen Produktivität erscheinen.« (H. Marcuse, a.a.O., S. 4), ihre Irrationalität würde offenbar.

Aktuell und sogar noch über die *unmittelbare* Gegenwart hinausweisend sind sehr starke und noch im Steigen begriffene Gegenkräfte wirksam, die die angedeuteten Potentialitäten »in weite Ferne« zu rücken scheinen, ist doch auch das ökonomische Endziel »erst« (kaum vor) in ca. 10-20 Jahren als installiert zu erwarten. Was zum Teufel bleibt uns nun endlich noch zu tun? Etwas Geduld ist noch nötig, der Boden ist noch nicht völlig sondiert, die Real-Konkretwerdung darf nicht vorschnell geschehen. »Außerhalb oder innerhalb dieses Pluralismus und dieser Demokratie (der sich bildenden »eindimensionalen« Gesellschaft, R. D.) leben ganze Schichten, die nicht eingeordnet sind und vielleicht auch nicht eingeordnet werden können, nämlich rassische und nationale Minderheiten, dauernd Arbeitslose und Arme. Sie stellen die lebendige Negation des Systems dar, aber sie bilden eine Minderheit, die das Funktionieren des Ganzen bis jetzt nicht ernsthaft in Frage stellt ... Es gibt zentrifugale Kräfte ... *Sie erscheinen in der Aktivierung bisher ungeschichtlicher und unpolitischer Minoritäten innerhalb und Majoritäten außerhalb der Gesellschaft im Überfluß.* Sie erscheinen in der Verbreitung der Erkenntnis dessen, was geschieht und was Menschen angetan wird. Gewiß, es gibt nichts, das die Massen ergreift, *es gibt keine Bewegung, es gibt keine Partei, die diese Tendenzen aktiviert. Aber es ist etwas da, und es bedarf der Hilfe, und die Erkenntnis ist ein Element der Hilfe.«* (H. Marcuse, a.a.O., S. 21/22). *Hier wird es nun ernst für die Revolutionäre, die sich innerhalb unserer winzigen,* gesellschaftlich noch für eine ziemliche Zeit völlig irrelevanten, weil weitgehendst außerhalb der Gesellschaft stehenden, mit Recht außerhalb stehend (was wir hoffentlich in den nächsten zwei bis fünf Jahren durchhalten werden), *Minorität als solche verstehen* und sich als solche somit auszuweisen haben. Die totale Mobilisierung der »Gesellschaft im Überfluß« gegen die immer möglicher werdende totale Befreiung des Individuums von Ökonomie, von Politik, von Öffentlichkeit usw., *kann von uns nur durch vollen Einsatz der Persönlichkeit für die Emanzipation (Mündigmachung) der Menschheit beantwortet werden.* Ich will nun nicht länger große Worte gebrauchen, will vielmehr meine direkten Vorschläge über die nächsten Schritte, d. h. meine Vorstellungen über die Praxis unserer Gruppe für unsere aktuelle und wirkende Gegenwart darlegen, denn nur die »Feigen reden sich aus allem heraus, die Lügner bleiben allgemein. Dabei sind sie wortreich, verstecken sich in weiten oder spinösen Gewändern und suchen immer woanders zu sein als dort, wo man sie ertappt. Aber das Wahre kann nicht bestimmt genug werden, auch dann und gerade dann, wenn die Sache vor dem Blick noch dämmert.« (E. Bloch, Keim und Grundlinien zu den Feuerbachthesen, in: Deutsche Zeitschrift für Philosophie, 1953, S. 238).

Ich beginne mit der negativen Bestimmung, einer Zusammenfassung in Thesenform:

1) Die Konstituierung der lohnabhängigen Arbeiterschaft aus der »Klasse an sich« in die »Klasse für sich« ist unmöglich.

2) Auch der Versuch, einzelne Fabrikarbeiter zu agitieren (die ja in der Fabrik und besonders dann, wenn sie sich etwas von der herrschenden Ideologie gelöst haben, bleiben, also nicht von der repressiven Arbeit »losgeeist« werden sollen), ist für uns bei unseren sehr geringen Kräften in der Gegenwart nicht zu »verkraften«, nicht zu verantworten.

3) Die Gewerkschaftsarbeit darf nicht zu ernst genommen werden, darf unsere Zeit nicht stark beanspruchen, kann allerdings Quelle unseres Lebensunterhalts, wenn nötig, sein.

4) Wir haben uns keinerlei Illusionen über den Charakter des SDS hinzugeben; er ist ein Gelegenheitsprodukt der revolutionären Ebbe der Nachkriegszeit.

Bis vor wenigen Tagen dachte ich noch über den SDS wie K. Liebknecht über die USPD dachte: »Wir haben der USP angehört, um sie voranzutreiben, um sie in der Reichweite unserer Peitsche zu haben, um die besten Elemente aus ihr herauszuholen«; diese Meinung halte ich aufrecht, füge aber die wichtige Ergänzung hinzu: durch den SDS für uns, wobei wir für die revolutionäre Bewegung stehen, die Möglichkeit der Anknüpfung internationaler Beziehungen zu erhalten.

5) Die enge praktische Zusammenarbeit mit den vielen »linken«, aber nicht revolutionären (sie müßten sonst eine eigene in die Zukunft weisende Theorie bzw. ein kritisches Bewußtsein von der Notwendigkeit einer solchen Theorie haben) deutschen Gruppen in den bundesrepublikanischen Städten, in denen wir Mikrozellen haben, ist nicht völlig einzustellen, aber wesentlich zu reduzieren.

6) Die Möglichkeit, die sich durch *größere* Demonstrationen ergibt, ist unter allen Umständen auszunützen. Genehmigte Demonstrationen müssen in die Illegalität überführt werden. Die Konfrontation mit der Staatsgewalt ist zu suchen und unbedingt erforderlich. Die Bedingungen dafür müssen günstig sein (verhaßtes Staatsoberhaupt usw.). Künstliche Radikalisierung, d. h. aus nichtigen Anlässen (in Berlin die letzte SDS-Südafrika-Demonstration) unbedingt etwas *machen zu wollen,* ist unter allen Umständen abzulehnen. Die Radikalisierung bei größeren Demonstrationen, die günstige Vorbedingungen liefern, sind kurzfristig, aber intensiv durch (bewußtseinsmäßig gestaffelte) *verschiedene* Flugblätter vorzubereiten, soll doch einigen an der Demonstration teilnehmenden potentiellen Mitarbeitern der »Sprung« zu uns möglich gemacht werden. Marx sagt dazu: »Weit davon entfernt, den sogenannten Exzessen, den Exemplaren der Volksrechte an verhaßten Individuen oder öffentlichen Gebäuden, an die sich nur gehässige Erinnerungen knüpfen, entgegenzutreten, muß man diese Exempel nicht nur dulden, sondern ihre Leitung selbst in die Hand nehmen.« (K. Marx, Enthüllungen über den Kommunistenprozeß, Mehring-Ausgabe, 4. A. 1914, S. 52/53).

Nach dieser nicht umfassenden, aber doch wesentliche Punkte herausgreifenden negativen Bestimmung muß ich nun das von mir als richtig Erkannte weiter skizzieren. Als Schüler von Karl Marx in der Anwendung der materialistischen Dialektik muß ich nun »positiv« werden, was nichts mit Positivismus zu tun hat. Im Kapital I spricht Marx davon, daß eine Lösung aufgedeckter Realwidersprüche nicht durch abstrakt-logische Formen, sondern nur darin, daß die Bahn (Form) geschaffen wird, »worin sie sich bewegen können, . . ., worin sich dieser Widerspruch ebenso verwirklicht als löst.« (K. Marx, Kapital I, S. 109). Welche Formen haben wir heute und besonders »morgen« zu schaffen, um die sich entfaltenden Widersprüche im Laufe der sich durchsetzenden Vollautomation in die richtigen Bahnen, in die Bahnen der Befreiung zu lenken. »Wir stützen uns bloß auf die einmal erkannte Richtung der Entwicklung, treiben aber dann im politischen Kampfe ihre Konsequenzen auf die Spitze, worin das Wesen der revolutionären Taktik überhaupt besteht.« (R. Luxemburg, Gesammelte Werke, Bd. III, S. 64).

Die Grundlage für meinen Vorschlag ist die in diesem Diskussionsbeitrag vorgenommene Analyse der Entwicklungstendenzen der hochindustrialisierten Gesellschaft. Ist diese »Basis« richtig, so haben wir nun vom ökonomischen Endziel her (Vollautomatisierung) unsere Strategie konkret zu entwickeln. Die schon heute konstituierte Weltgesellschaft weist nach vorn, die Internationalisierung der Strategie der revolutionären Kräfte scheint mir immer dringlicher zu werden. Unsere Mikrozellen haben umgehend Kontakt und Zusammenarbeit mit amerikanischen, anderen europäischen, lateinamerikanischen und auch afro-asiatischen Studenten und Nichtstudenten (wenn möglich) aufzunehmen. Diese Kontakte sind allen anderen Kontakten mit pseudorevolutionären deutschen Gruppen vorzuziehen. Neben einer möglichen aktuellen theoretischen Zusammenarbeit muß vor allem daran gedacht werden, Adressen der revolutionären Gruppen in den Heimatländern zu erhalten. Austausch von Publikationen (die Sprachschwierigkeiten lassen sich gerade durch die hiesige Zusammenarbeit mit den ausländischen Studenten vor allem schnell beseitigen) brächte uns endlich eine Fülle von bisher nicht oder kaum eruierbaren Informationen, ließe das konkrete Gebäude einer umfassenden Weltrevolutionstheorie sichtbar werden, eine Theorie, an deren Ausarbeitung heute sich keine noch so geniale Person allein heranmachen kann . . .

Wir wissen aus der Geschichte der vergangenen Revolutionen, daß in objektiv reifen Situationen der Verelendung und der sozialen Not des Proletariats die subjektive Tätigkeit einer selbständigen Avantgarde allergrößte Bedeutung erhält. (Lenin, Che Guevara, Alvarez usw.); sollten wir im Laufe der nächsten zehn bis fünfzehn Jahre fähig sein, durch theoretische Weltanalyse und praktische Koordination der revolutionären Gruppen vorzeitige »Revolutionsmacherei« zu verhindern (sehr »unrealistisch«, dennoch die Forderung), so wird uns der Entscheidungskampf in guten Ausgangspositionen finden.

Wir müssen parallel zu dem sich in seiner Eigengesetzlichkeit (von uns fast völlig unabhängig und unbeeinflußbar) durchsetzenden historischen Prozeß, der, wenn keine Katastrophe eintritt, unaufhaltsam auf Vollautomatisierung hintreibt, unsere revolutionäre Kraft qualitativ und quantitativ steigern.

Jeder einzelne Schritt muß durch die Strategie bestimmt werden. Die »Durchbrechung des verwalteten Bewußtseins«, diese »Vorbedingung der Befreiung« (H. Marcuse, Kultur und Gesellschaft, Frankfurt/Main 1964, S. 15/16), muß von uns auf lange Sicht geplant und nicht überstürzt zu einem falschen Zeitpunkt versucht werden. Habermas' Frage: »Sollte nicht eine Dialektik des falschen Überflusses eher zur Reflexion irrationaler Herrschaft führen als eine Dialektik der richtigen Armut?« (J. Habermas, Theorie und Praxis, a.a.O., S. 333/4) weist in die *offene* Zukunft. Die Hoffnung auf gewaltige ökonomische Krisen mit Elend, Krieg usw. ist analytisch falsch und kann Ausdruck eines falschen Menschenbildes sein. Die konkrete Reflexion über die Möglichkeit der Durchbrechung des falschen Bewußtseins im Laufe der nächsten zwanzig Jahre muß die Tagung leisten. Hierfür wäre die Zusammenarbeit mit den revolutionären amerikanischen Gruppen von entscheidender Bedeutung, sehen diese doch am ehesten die neuen Tendenzen innerhalb der »Gesellschaft im Überfluß«, der aktuellen Weltgesellschaft. Phänomenologisch gesprochen, haben wir zu versuchen, die Prozesse in den Entwicklungsländern so zu leiten, (wenn ich von »wir« spreche, so sind nicht wir persönlich gemeint, sondern die sich konstituierende und koordinierende »größte Produktivkraft« der Weltgesellschaft, die »revolutionäre Klasse« (Marx) im Weltmaßstab in Form von »Minoritäten innerhalb und Majoritäten außerhalb der Gesellschaft im Überfluß«), daß der endgültige Revolutionierungsprozeß in Lateinamerika (in Afrika und Asien werden wirkliche Revolutionen sowieso erst durch die Entstehung des Proletariats infolge von Industrialisierung in zehn bis fünfzehn Jahren möglich), zeitlich und organisatorisch »zusammenfällt« mit der Vollautomation in den kapitalistischen Industriegesellschaften.

Die möglichen Folgen dieser Vollautomatisierung für die Sowjetunion (und damit wohl für ganz Osteuropa) hat das wirklich »epochemachende« Buch von Marcuse über die »Gesellschaftslehre des sowjetischen Marxismus« glänzend aufgezeigt. Der *»Druck von innen«* in den Industriegesellschaften durch die Befreiung des Menschen von der repressiven Arbeit *innerhalb* des Apparates muß durch den *»Druck von außen«* (Entwicklungsländer) begleitet werden, auf daß eine Umkehr nicht mehr möglich ist. In diesem Augenblick wird sich die »Schuld der Vergangenheit« noch einmal zu einem »letzten Gefecht« von ungeheurer Dimension kristallisieren. Vortechnologische Rationalität in den Entwicklungsländern und sich von technologischer wieder in kritische Rationalität umwandelnde Denkform in den Industrieländern werden sich vereinigen in einer die Welt umfassenden Lust-Rationalität, Stillegung der Geschichte, Experimentieren und Spielen mit dem Apparat, die Ungleichzeitigkeit der historischen Dialektik schließt sich in diesem Augenblick; eine »Welt ohne Krieg und Hunger« übersteigt gegenwärtig noch unsere Phantasie . . .

Rudi Dutschke schrieb diesen Brief - von uns um größere Teile gekürzt, die sich mit einem in diesem Buch veröffentlichten ›Anschlag 1‹-Text überschneiden - anläßlich des ›Münchner Konzils‹ der ›Subversiven Aktion‹ (April 1965). Er konnte wegen einer Reise in die Sowjetunion (vgl. den folgenden Text) nicht teilnehmen und begriff den Brief als konzeptionellen Diskussionsbeitrag zu einer gemeinsamen Neubestimmung revolutionärer Theorie und Praxis für subversive Gruppen und »Mikrozellen« in der Bundesrepublik.

Der Text demonstriert die zunehmenden Spannungen und Widersprüche insbesondere zwischen der Berliner und der Münchner ›Sektion‹. Der »ANSCHLAG« erschien nur noch einmal (Nr. III) - vor allem mit Antworten auf Rudi Dutschkes Thesen zum Konzil. Danach zerbrach die ›Subversive Aktion‹.

Traurige und schöne Augenblicke

(Tagebuch einer Reise mit einer SDS-Delegation in die Sowjetunion, 21. April bis 5. Mai 1965; Auszüge)

Ist schon verrückt. Ich komme aus Ost-Deutschland, aus der DDR, mußte abhauen. Jetzt fahre ich hindurch, darf nirgendwo aussteigen. Die Genossin und die Genossen, die mit mir fahren, können dieses komische Gefühl wahrscheinlich nicht ganz nachvollziehen. Viel gemeinsamer wird unser Gefühl bei der Durchfahrt durch Polen gewesen sein. Zu viele Erinnerungen an die Beteiligung der Väter bei der Eroberung Polens, das gleiche galt bei der Fahrt nach Moskau. Allerdings konnte ich eine andere Erfahrung nicht vergessen: die - jugendliche - Wahrnehmung des 17. Juni 1953, mein Beten für die ungarischen Aufständischen von 1956. Zweifellos wird mich auch in diesen Wochen meine frühe Sympathie für die russischen Oppositionellen nicht verlassen.

Nun sind wir schon durch Warschau hindurch, hatten nur einen ganz kurzen Zwischenaufenthalt, Zeit um mal kurz aus dem Bahnhof hinausriechen zu können. Dachte an Kolakowsky, Kuron-Modzelewski usw. Wer weiß, wer wieder das Land verlassen mußte. (. . .)

Im Bahnhof in Moskau wurden wir von Mitgliedern der Komsomol-Organisation freundlich empfangen, mit einem Auto in das Hotel für internationale Gäste gefahren. Einen intensiven Blick auf den Bahnhof zu werfen, war unter solchen Umständen nicht möglich; auf uns wartete das Essen und die organisatorische Vorbereitung der Kontakte und Besuche in den nächsten Tagen. Zu in-offiziellen Treffen wird es mit Sicherheit nicht kommen. Mit wem auch? (. . .)

Mensch, was kam mir beim Anblick des Winterpalais, der Peter-Pauls-Festung und der alten »Aurora« nicht alles hoch. Es hat offensichtlich auch Nachteile viele Bücher zu lesen . . .

Am Nachmittag suchten wir noch das »Museum . .« auf. Es fällt mir einfach oft schwer, entspannt zuzuhören, wenn da problemlos, voller Pseudo-Optimismus und Schwachsinn über die »Geschichte des Aufbaus des Sozialismus« Erklärungen abgegeben werden.

Sobald man allerdings von dem deutschen Wahnsinn der faschistischen Angreifer zu hören, durch Bilder und Dokumente von den Ermordungen zu sehen bekommt, verschwinden für Augenblicke die Ansprüche, die man an das Land der Oktoberrevolution stellen muß. Wir jungen deutschen Mitglieder des SDS tragen nicht die Schuld an dem 2. Weltkrieg, tragen allerdings Verantwortung für *unsere* Zeit. Ob wir da versagen, wie viele Generationen vor uns: das wird sich erst noch zeigen. (. . .)

Die Gespräche mit einem Redakteur von »Cmena«, 1919 gegründet, waren stinklangweilig, aber auch etwas erschreckend: der Chruschtschow-Sturz »war für die Bevölkerung kein Problem, alles wurde klar und gut erklärt von der Partei und unseren Zeitungen«.

Viel interessanter war schon das Gespräch mit Herrn Sachs, dem verantwortlichen Sekretär der literarischen Zeitschrift »Nowy Mir«. Er stellte sich ziemlich offen der Diskussion. Es gebe durchaus in dieser Zeitschrift einige »verschiedene Schraffierungen«, jedoch »keine Fraktionierungen oder festgelegten Gruppierungen«.

Zweifellos habe, seiner Meinung nach, *Solschenizyn* viele wertvolle Auseinandersetzungen hervorgerufen. Dieser Schriftsteller wäre noch lange nicht überholt, sehr viele Leserbriefe bestätigten dies immer wieder. Sachs gibt uns eine kleine Einführung in die sowjetische Gegenwartsliteratur. *Wosnessenskij* wäre ein formaler Dichter der Versmalerei, *Jewtuschenkow* dagegen sehr viel inhaltsreicher. In »Nowy Mir«, so meint jedenfalls unser Gastgeber, sind Streitgespräche an der Tagesordnung.

Solschenizyn sei für diese Zeitschrift ein »großer Künstler«, werde mit Sicherheit noch große Werke von sich geben, seine Schaffenskraft sei noch lange nicht erschöpft. Schließlich sei »Ein Tag im Leben des Iwan Denissowitsch« Ausdruck großer künstlerischer Qualität der Darstellung.

Grenzprobleme menschlichen Daseins: da habe Solschenizyn Großes geleistet; bei ihm sei wirklich nichts fest geworden, sein Mut und seine Gestaltungskraft gäben Anlaß zu großer Hoffnung für die sowjetische Literatur. Eine gewisse Begeisterung ist zu hören. Muß zu meiner Schande gestehen, die *ganze neue* sowjetische Literatur nicht zu kennen. (. . .)

Trauriger und schöner Augenblick.

Nachdem wir die vielen Institute hinter uns hatten, suchten wir an der Außenseite von Leningrad noch den großen Leningrader Sportplatz auf. Nun war ich zwar mal wahnsinnig verrückter Leistungssportler in der DDR, aber eine andere »provokative« Frage drängte sich mir bald auf: wo liegt eigentlich von hier aus gesehen Kronstadt, und was ist da inzwischen los?

Die Komsomol-Mitglieder stellten sich echt dumm und wußten von nichts, auch nichts von den realen Kämpfen im März 1921. Mein Wissen stammte nicht mehr nur aus Lenin- und Trotzki-Analysen und Einschätzungen, ich hatte nämlich vor wenigen Wochen die Autobiographie von V. Serge gelesen. War für mich erschreckend, die Matroseneinheiten, die den Oktober der Bolschewiki mit ermöglichten und zum Sieg führten, sind in Kronstadt niedergeschossen worden. Wieso war da eine »proletarische Notwendigkeit«, die Kronstädter Matrosen, die für die Sowjets nun wieder eintraten und gegen die Bolschewiki sich äußerten, politisch-militärisch zu liquidieren? Wer bestimmte denn diese »historische Notwendigkeit«? Lukács nahm in seinem »Kommunismus«-Blatt da 1921 völlig die offizielle Haltung der KPdSU und der KI-Exekutive ein, die »Konterrevolution« mußte niedergeschlagen werden. Unsere Gastgeber kannten all diese Publikationen nicht, wer weiß, wann die jemals all die uns zugänglichen Bücher in die Hand bekommen. Ein Gespräch über all diese Aspekte war einfach mit unseren Gastgebern nicht möglich. Die Wendungen durch den XX. Parteitag können einfach nicht grundlegend gewesen sein!

Viel einfacher und angenehmer war die plötzliche Kontaktaufnahme mit sowjetischen Kindern im Alter zwischen 9 und 13 Jahren. Die trieben sich wie wir am oberen Teil des Stadions herum, auf der Zuschauerebene. Die spielten mit einem kleinen Ball halt Fußball, da sich einzumischen war nicht schwer und wurde freundlich begrüßt. War prima, Renate übersetzte hin und wieder, Bilder sind auch aufgenommen worden. Ob es was geworden ist, werden wir sehen. Die Kinder waren, wie zumeist, nicht im geringsten verkrampft, hatten von Uwe Seeler und Herberger natürlich schon gehört.

Abfahrt

Unser Komsomol-Übersetzer, der offizielle, machte zum Schluß die Bemerkung: »Ich werde mir manche Marx-Texte noch mal neu anschauen«.

Wie der 1. Mai in Moskau oder Leningrad war?

So wie ich ihn von Luckenwalde her kannte. In Rußland erinnerte ich mich oft des Alexander-Block-Satzes von 1920: »Diejenigen, die in einer unerfüllten Zeit geboren sind, erinnern sich nicht ihrer Vergangenheit. Wir, Kinder Rußlands in gefahrenvollen Zeiten, vergessen nichts«. Wie sich eine Lage und ihre Interpretation ändern können!

1967/1968

Besuch bei Georg Lukács

(Aus den Tagebuch, Mai 1966)

Alle waren wir aufgeregt, den alten Genossen zu treffen. Ich hatte ihm kurz vorher einen Brief geschrieben, um unsere Ideen und Fragen etwas vorzustellen. Zuerst fuhren wir zu Franz Janossy, dem Sohn von Lukács. Vom Sohn desselben erfuhren wir die Adresse des Arbeitsplatzes von seinem Vater und der Mutter. Dort stellten wir uns kurz vor und warteten die Beendigung der Arbeit ab.

Sehr freundlich wurden wir zu Hause empfangen. Von Maria Janossy erfuhren wir am meisten über den Aufstand und Widerstand des Volkes von 1956. Von der »Konterrevolution« zu schwätzen sei *erst einmal* reiner Unsinn und Betrug der Stalinisten. Man könne nicht den Widerstand für Sauereien verantwortlich machen, die auf der gesellschaftlichen Grundlage des Stalinismus gewachsen sind. Franz Janossy hielt sich hierbei sehr zurück, berichtete uns aber ausführlich über seine politisch-ökonomische Studie zum Thema des »Wirtschaftswunders« (auf deutsch: Verlag Neue Kritik, Frankfurt/Main). Sein Buch heißt »Am Ende der Wirtschaftswunder. Erscheinung und Wesen der wirtschaftlichen Entwicklung«. Unmittelbar war uns in der BRD und West-Berlin kein Ende des Wirtschaftswunders vor Augen gekommen, ganz im Gegenteil. Die ungebrochene Festigkeit des Kapitalismus nach dem 2. Weltkrieg erschreckt und verwirrt uns noch immer. Unser Blick hat sich schon längst auf die revolutionären Kämpfe der unterentwickelt gehaltenen Länder gerichtet. Allerdings wissen wir: ohne Veränderungstendenzen in den Metropolen werden die Kämpfe in der 3. Welt steckenbleiben. Am 1. Mai schenkte uns Janossy noch das Manuskript. »An die jüngste Buddenbrook-Generation« schrieb er drauf. (. . .)

Die Gespräche mit F. und M. waren jedenfalls sehr spannend - nicht zu vergleichen mit der stinklangweiligen und betrügerischen Veranstaltung der offiziellen Partei und Regierung zum 1. Mai.

Am nächsten Vormittag besuchten wir nun Georg Lukács, unsere Gastgeber waren mit dabei. Wir waren zwar vielleicht schon etwas ›ruhiger‹, aber keiner von uns war wirklich entspannt, wir waren irgendwie kindlich aufgeregt. Der Mann, der auf unser Klingeln öffnete, war klein, hatte ein freundliches Gesicht, eine Zigarette in der Hand, weiße Haare, große Ohren, ein Hemd mit Schlips, keine Jacke. Zu einem Gespräch kam es nicht gleich, wir waren zurückhaltend und er wollte erst mal Kaffee trinken. Als Lothar und Inge die Roth-Händle rausholten und ihm gaben, freute er sich, lachte - und wir konnten uns ein wenig entkrampfen. Nun holte ich den Korsch raus und fragte, ob er diesen Text, den er damals vielleicht nicht zu sehen bekommen habe, gebrauchen könne. Er schaute drauf, lächelte, bedankte sich, ging aber nicht weiter auf das Buch oder diese Zeit ein. Bedankte sich desgleichen für meinen Brief.

Ich hatte mir viele Fragen niedergeschrieben.

Als ich ihn über die KPU-Fraktionen der 20er Jahre befragte, war er erstaunt, einen jungen West-Berliner Sozialisten zu treffen, der verrückt detailliert viele Einzelheiten der Parteigeschichte kannte. Doch so ganz zufrieden war er nicht damit, ging immer wieder von den 20er Jahren weg, um mit uns über aktuellere Probleme zu sprechen. Von unserer Solidarität mit den revolutionären Kämpfen in der 3. Welt wußte er und lenkte das Gespräch mehr darauf. Riet uns, wenn wir schon Dokumente der Vergangenheit heranziehen wollten, das KI-Dokument von 1935 heranzuziehen. Ansonsten meinte er, daß die beste Hilfe von unserer Seite eine vertiefte Analyse der Produktionsverhältnisse in diesen Ländern wäre.

Wir verließen den »Alten« nach vielen Stunden. Plötzlich sagte die Inge: »In den kann man sich ja wirklich verlieben.« Lothar und ich schauten uns perplex an.

Ausgewählte und kommentierte Bibliographie des revolutionären Sozialismus von Karl Marx bis in die Gegenwart

Zurück zu Marx hieß das 1926 in Leipzig erschienene Buch von *J. Kuczynski,* das der professoralen und sozialdemokratischen Interpretationsweise durch einen Rückgriff auf die Quellen Einhalt gebieten wollte.

Vierzig Jahre später ist dieser Ruf gebrochener, aber bei weitem materialreicher motiviert. Es stehen die für die Marxsche Theorie sehr wichtigen Texte, die erst ab 1932 editiert wurden, heute zur Verfügung – so die *Deutsche Ideologie* (1932), die *Ökonomisch-philsophischen Manuskripte* (1932) und die *Grundrisse* (1953).

Die Herausgabe der Gesamtwerke von Marx und Engels scheint heute von der Quellenlage her leicht möglich zu sein. Zwar liegt noch immer keine vollständige deutsche Gesamtausgabe vor, dennoch sind die vorliegenden Ausgaben durchaus für eine kritische Rezeption dieser ersten Form der revolutionären Theorie geeignet.

Die auf 36 Bände berechnete DDR-Ausgabe, die die bedeutendsten Frühwerke nur unvollständig aufgenommen hat, soll ergänzt werden. Die Marxschen Frühschriften liegen in DDR-Einzelausgaben, in der sehr sorgfältigen *Marx-Studienausgabe* von *Lieber* und *Kautsky* (Cotta-Verlag *Stuttgart* 1960 ff.) und in der von *G. Hillmann* herausgegebenen *Rowohlt-Taschenbuch-Ausgabe* (1966) vor.

Scheint es uns nun richtig zu sein, die Engelschen Mißdeutungen des Historischen Materialismus (s. *A. Schmidt, Der Begriff der Natur in der Lehre von Marx, Frankfurt am Main* 1962, bes. S. 41 ff.) sehr genau vom originär Marxschen Materialismus zu unterscheiden, so erscheint uns der Versuch der »Wiederherstellung« des Marxismus durch einen unmittelbaren und direkten Rückgriff auf den »reinen« Marx das Wesen und die Methode von Marx zu verfehlen. Wir sollten uns die Antwort auf die Kapital-Rezension von Michailowski ins Gedächtnis rufen: »Er (Michailowski R.

D.) muß durchaus meine historische Skizze von der Entstehung des Kapitalismus in Westeuropa in eine geschichtsphilosophische Theorie des allgemeinen Entwicklungsganges verwandeln, der allen Völkern vorgeschrieben ist . . . Aber ich bitte um Verzeihung. (Das heißt, mir zugleich zu viel Ehre und zu viel Schimpf antun.)« Er wendet sich mit allem Nachdruck gegen den scheinbaren »Universalschlüssel einer geschichtsphilosophischen Theorie, deren größter Vorzug darin besteht, übergeschichtlich zu sein.« (Marx-Engels-Werke, Bd. 19, S. 111/112, Berlin 1962). So sind dann auch die materialen Analysen im Marxschen Werk sehr oft relevanter als die »berühmten« Vorworte oder Einleitungen. Ansätze geschichtsphilosophischer Konstruktion werden in der historisch-materialistischen Analyse flüssig gemacht, wovon Marx im Rohentwurf *(Grundrisse)* zum Kapital nur zu sehr Zeugnis ablegt. Ein geradezu klassisches Beispiel dieser konkreten materialistischen Dialektik ist die dortige Untersuchung der vorkapitalistischen Produktionsformen (S. 375-413). Dialektik erscheint hier in der einzig möglichen Form: als konkrete Geschichtsschreibung.

Da für Marx die Gesamtgeschichte nicht beherrscht wird durch eine der Geschichte immanente und unverlierbare Sinnidee, so versteht es sich für ihn von selbst, die verschiedenen Perioden der Geschichte als verbundene *Einzelprozesse* zu begreifen und jeweils konkret zu analysieren. Die Machbarkeit der Geschichte durch Menschen wird zwar im Laufe der Entfaltung der Produktivkräfte objektiv potentiell größer, dieselbe schlägt aber immer wieder um in Beherrschung der Menschen durch die von ihnen geschaffenen Verhältnisse der Produktion und Reproduktion des Lebens, wird solange umschlagen, bis die »neuen Menschen« (für Marx die Arbeiter) durch die revolutionäre Aktion dieser Reproduktion »der Herrschaft der totgeschlagenen Materie über den Menschen« ein Ende bereiten. Hier ist nichts verbürgt, nichts in der Materie angelegt, alles ist bedroht durch die Möglichkeit des Untergangs der »kämpfenden Klassen«. Jede Klasse kann ihre historische Mission geschichtlich »verpassen«, kann scheitern - andere »Klassen« müssen dann unter neuen historischen Bedingungen »alte Kämpfe« austragen. Geschichtsbewußtheit und verantwortungsbewußte praktisch-umwälzende Tätigkeit allein vermögen dies zu leisten. Die kritische Aneignung der Marxschen Theorie, die zu beiden Faktoren Entscheidendes beitragen kann, ist nun nur möglich durch eine Aufhebung der politischen Geschichte des Marxismus, »durch die Geschichte des Marxismus hindurch, die in hohem Maße eine Geschichte von Fehlinterpretationen und Entstellungen ist, die dem ursprünglichen Impuls nicht nur äußerlich sind« (*A. Schmidt*, Nachwort in: *H. Lefebvre*, *Probleme des Marxismus, heute*, ed. Suhrkamp, Nr. 99, 1965).

Diese ausgewählte Bibliographie will nichts als die wesentlichen Prozeßpunkte der Entstehung, der Entfaltung, der Rezeption und Weiterentwicklung der marxistischen Theorie literaturgeschichtlich kennzeichnen.

Mag auch P. Kropotkins Hinweis darauf, daß »England in den 40iger Jahren an der Spitze der sozialistischen Bewegung Europas stand ... große Bewegung, welche die arbeitenden Klassen so tief erregte, und in deren Verlauf bereits alles, das sich jetzt als wissenschaftlicher oder anarchistischer Sozialismus darbietet, ausgesprochen worden ist« (*P. Kropotkin*, *Memoiren eines Revolutionärs*, Bd. 2, S. 294, Stuttgart, o. J.) übertrieben erscheinen, so ist es dennoch für die Entstehungsgeschichte des Marxschen Denkens unerläßlich, diesen »vormarxistischen« Sozialismus wieder in Erinnerung zu rufen.

Der Beitrag *Londoner kommunistische Diskussionen, 1845 Nach dem Protokollbuch des C.A.B.V.* von *M. Nettlau* im *Archiv für die Geschichte des Sozialismus und der Arbeiterbewegung* (Vol. 10, 1922, S. 362-391) vermittelt einen hervorragenden Eindruck von den der Ausarbeitung des »Kommunistischen Manifestes« von Marx vorausgehenden Diskussionen des Kommunistischen Arbeiterbildungsvereins über das Wesen und die praktische Verwirklichung des Kommunismus.

W. Weitling, der sich für eine unmittelbare Verwirklichung des Kommunismus aussprach, wurde von K. Schapper, der seine Arbeit als theoretisch-propagandistische Vorarbeit für kommende Geschlechter verstanden wissen wollte, angegriffen. »Schapper: Der Kommunismus konnte bisher nicht verwirklicht werden, weil der Verstand nicht gehörig ausgebildet war ... Unsere Tätigkeit ist für kommende Geschlechter, diese mögen praktisch durchführen, was wir auf dem Wege der aufklärenden Propaganda bloß theoretisch verbreiten können.

Weitling: ... Das heißt ein ewiges Verschieben von heute auf morgen, von morgen auf übermorgen ... So drehen wir uns denn immer in der alten Leier und kommen zu nichts ... Die Menschheit ist notwendig immer reif oder wird es nie. Letzteres ist die Redensart unserer Gegner ...« (S. 368) Weitling wendet sich auch besonders gegen die Illusionen Schappers über die gewaltlose Aufklärungsrevolution: »Die Aufklärung hat gar Nichts für uns errungen in politischer Beziehung außer durch Revolution und immer erst nach der Revolution wirkte die Aufklärung ... Die Aufklärung auf friedlichem Wege ist eine Illusion« (273).

Das Scheitern der Revolution von 1848 stellte für das Marxsche Werk einen starken Einschnitt dar. Da die Theorie der proletarischen Revolution, wie sie von Marx zwischen 1844 und 1848 in Zusammenarbeit mit Engels ausgearbeitet worden war, ihre Stärke in der Verbundenheit mit den wirklichen Bewegungen der Klasse hatte, mußte sich die Niederlage der Revolution auch theoretisch bemerkbar machen.

Die in der *»Einleitung zur Kritik der Hegelschen Rechtsphilosophie«*, den *Ökonomisch-philosophischen Manuskripten*, der *Deutschen Ideologie* - bes. Feuerbach-Einleitung -, dem *Elend der Philosophie* und dem *Kommunistischen Manifest* zu findende Revolutionstheorie zeichnet sich gerade darin aus, daß sie die einzelwissenschaftliche Trennung von Ökonomie, Politik, Ideologie, wissenschaftliche Theorie und gesellschaftliche Praxis nicht kannte. Eine Kurz-Kommentierung dieser grundlegenden Werke verbietet sich vom Gegenstand her; nur einige Anmerkungen: Die *Manuskripte* begründen auf der Basis einer philosophischen Interpretation des menschlichen Wesens die Notwendigkeit der »Totalen Revolution« gegen den Kapitalismus, der nicht nur ökonomische Krisen periodisch »produziert«, sondern eine »Katastrophe des menschlichen Wesens«, eine »Verkehrung seines Wesens« bedeutet. Die Erstinterpretation dieser Schrift durch *H. Marcuse*, in: *Die Gesellschaft*, 1932, Nr. 8, S. 136 -

174, scheint uns noch immer am besten die Marxsche Revolutionstheorie zu erklären.

Diese Theorie wird in der Feuerbach-Passage der *Deutschen Ideologie* (MEW, Bd. 3, S. 17-77, Berlin 1962) weiterentwickelt. Hier dürfte das, was später der Historische Materialismus genannt wurde, erstmalig in vollständiger Form vorliegen. Die Explikation der historisch verschiedenen Entwicklungsstufen der gesellschaftlichen Arbeitsteilung und den damit parallel laufenden verschiedenen Formen des Eigentums führt Marx zu der Herausarbeitung des fundamentalen Gegensatzes der »modernen« bürgerlich-kapitalistischen Gesellschaft:

»Die Produktivkräfte erscheinen als ganz unabhängig und losgerissen von den Individuen, als eine eigene Welt neben den Individuen . . ., eine Totalität der Produktivkräfte, die gleichsam eine sachliche Gestalt angenommen haben und für die Individuen selbst nicht mehr die Kräfte der Individuen, sondern des Privateigentums, und daher der Indidviduen nur insofern sie Privateigentümer sind.« Diesen verselbständigten Produktivkräften steht auf der anderen Seite »die Majorität der Individuen gegenüber, von denen diese Kräfte losgerissen sind und die daher allen wirklichen Lebensinhalts beraubt, abstrakte Individuen geworden sind, die aber dadurch erst in den Stand gesetzt werden, als Individuen miteinander in Verbindung zu treten. « (a.a.O., S. 67).

Um die gefährdete materielle Existenz zu retten, um die jenseits der Existenzsicherung liegende Selbstbetätigung der schöpferischen Fähigkeiten des Menschen zu erreichen, müssen sich die durch die gemeinsame Bedrohung vereinigten Individuen diese fremdgewordenen Produktivkräfte universell aneignen.

Die weltgeschichtliche Entfaltung der Produktivkräfte durch den Weltmarkt entwickelt »die von aller Selbstbetätigung vollständig ausgeschlossenen Proletarier der Gegenwart« zu »universellen«, zu »weltgeschichtlichen Individuen« mit »universellen Bedürfnissen«. Die kommunistische Revolution ist »nur als die Tat der herrschenden Völker auf ›einmal‹ oder gleichzeitig möglich, was die universelle Entfaltung der Produktivkraft und den mit ihm zusammenhängenden Weltverkehr voraussetzt« (a.a.O., S. 35).

Das Elend der Philosophie (1846) expliziert in der Auseinandersetzung mit Proudhons *Philosophie des Elends* die materialistisch gewendete Dialektik im Gegensatz zur idealistischen Kategoriendialektik Proudhons. Die literaturgeschichtliche Darstellung der Probleme der Nationalökonomie von ihrer »klassischen« Begründung an, zeigt sich als Problemgeschichte der antagonistischen Gesellschaft.

Ohne der ketzerischen These von Korsch aus dem Jahre 1950, daß Marx »heute nur einer unter vielen Vorläufern, Begründern und Weiterentwicklern der sozialistischen Bewegung der Arbeiterklasse ist«, vollständig zuzustimmen, scheint uns Korsch darin ganz recht zu haben, daß die historischen Alternativen und »Weiterentwicklungen« der Marxschen Formung des Sozialismus, also die Beiträge der utopischen Sozialisten, die von Proudhon, Blanqui, Bakunin, den deutschen Revisionisten, französischen Syndikalisten und den russischen Bolschewisten (inzwischen dürften neue Namen hinzugekommen sein) bei der Neubegründung einer revolutionären Theorie und Praxis für die hochkapitalistischen Länder aufgearbeitet werden müssen und zwar nicht als Vorläufer von Marx und nicht als Abweichler und Verräter der »reinen Lehre«, sondern als ambivalente Antworten auf die jeweiligen Veränderungen der geschichtlichen Wirklichkeit: besonders gilt das für die nachmarxsche Zeit. Die ungeheure Größe des Marxschen Werkes verunmöglicht noch immer eine schöpferische Betrachtung und Aneignung dieser »nichtmarxistischen« Beiträge. An der die I. Internationale sprengenden Auseinandersetzung zwischen Marx und Bakunin werden wir das später verdeutlichen.

Das *Kommunistische Manifest* (1848) nun ist Abschluß und Höhepunkt der 1. Periode in der Entwicklung des wissenschaftlichen Sozialismus. Für die schon angeschnittene Problematik des marxschen Klassenbegriffs ist der im Manifest auftauchende Begriff des »Lagers« von hohem Interesse: »Unsere Epoche, die Epoche der Bourgeoisie, zeichnet sich jedoch dadurch aus, daß sie die Klassengegensätze vereinfacht hat. Die ganze Gesellschaft spaltet sich mehr und mehr in zwei große feindliche Lager, in zwei große einander direkt gegenüberstehende Klassen: Bourgeoisie und Proletariat« (K. Marx, F. Engels: *Ausgewählte Schriften*, Bd.

I, S. 24, Berlin 1960). Die in *Kapital* III besonders aufgezeigte Beseitigung der fungierenden und produktiven Kapitalistenklasse durch die Entwicklung der kapitalistischen Produktionsweise geht so über diesen spezifischen Klassengegensatz von Bourgeoisie und Proletariat hinaus, die »Epoche der Bourgeoisie« hat ihr Ende gefunden. Die unkritische Benutzung dieses bei Marx auf die Aktualität der Revolution bezogenen Begriffs des Lagers durch die herrschende Ideologie des »sozialistischen Lagers« kaschiert diesen Tatbestand nicht wenig. Der kritische Begriff des Lagers scheint uns mit Mauke jenen gesellschaftlichen Zustand anzudeuten, *in dem die ganze Gesellschaft* zu einem *einzigen »Lohnarbeiter« geworden ist,* eine *unbeherrschte* und *verselbständigte Produktionsmaschinerie* im *totalen Gegensatz zur lebendigen Arbeit sich etabliert hat.* Die Entwicklung der Produktivkräfte, die dialektische Identität des ökonomischen und politischen Prozesses in den 40er Jahren des 19. Jahrhunderts bildeten die Grundlage für diese historisch spezifischen, aber nicht in der Zeitbedingtheit aufgehenden Aussagen des Kommunistischen Manifestes. Die nach der Niederlage der Revolution von 1848 einsetzende Restaurierung des gesellschaftlichen Lebens führte zu einem Verfall der Organisationen und der Kampfkraft der Arbeiterbewegung.

Die direkte Fortsetzung der Rothsteinschen Arbeit (Aus der Vorgeschichte der Internationale, 1. Ergänzungsheft der »Neuen Zeit«, Stuttgart 1913), die 1850 ihre Darstellung beendet, ist die bis heute unerreichte Arbeit von *D. B. Rjazanov »Zur Geschichte der ersten Internationale«,* in deutscher Sprache zugänglich im Bd. I des von Rjazanov herausgegebenen *Marx-Engels-Archivs,* Frankfurt am Main 1925, S. 119 - 202. Der vom Stalinismus liquidierte erste und bedeutendste Marxforscher zeigt in einer konkret-materialistischen Analyse die ökonomischen Bewegungsformen des Kampfes der englischen Arbeiterklasse und die davon getragenen und wesentlich bestimmten Versuche der politischen Organisierung des ökonomischen Kampfes.

Die nächste Phase in der Entwicklung der internationalen Arbeiterbewegung ist die der Tätigkeit der I. Internationale von 1854 - 1872, die Zeit der Auseinandersetzung zwischen Marxismus und Anarchismus, zwischen Marx und Bakunin.

Aus der sehr zahlreichen Literatur über diese Zeit ragt neben der schon erwähnten Arbeit von J. Braunthal der 2. Band der von *G. D. H. Cole* verfaßten Geschichte des sozialistischen Denkens, *A History of Socialist Thought-Marxism and Anarchism 1850 - 1890*, London 1961 heraus.

Kann der Anarchismus nun eigentlich für uns noch etwas bedeuten, ist er nicht durch Marx für alle Zeiten widerlegt worden? *W. Hofmann* schreibt in seiner jedem Genossen als Pflichtlektüre zu empfehlenden Buch *Ideengeschichte der sozialen Bewegungen des 19. und 20. Jahrhunderts*, Sammlung Göschen Bd. 1205/1205 a, Berlin 1962: »Bestimmte Durchgangsstufen des Denkens scheint die Ideengeschichte der europäischen Sozialbewegung, gewissermaßen stellvertretend für die Späterkommenden, hinter sich gebracht zu haben: Utopischer Kommunismus, religiöser Sozialismus, Syndikalismus, Anarchismus werden wohl kaum noch einmal große geistesgeschichtliche Bedeutung haben - so sehr der letztere die *Praxis* einer anhebenden Sozialbewegung, etwa in Südamerika, für eine Weile noch beeinflussen mag« (S. 226/227). Ist damit nicht alles gesagt? Wir glauben das nicht, denn in einer Zeit der sich verstärkenden und sich verselbständigenden zentralisierten Staatsbürokratien scheint uns die bei Bakunin im Mittelpunkt der Theorie und Praxis stehende Frage der Abschaffung des Staates, der unmittelbaren Beseitigung derselben, der erneuten Aufarbeitung durchaus wert.

Ist das »Absterben« des Staates zentraler Gegenstand der »Zieldiskussion« bei Marx und im Marxismus, so folgte doch bei Marx der ersten Fassung der Revolutionstheorie, die von der Identität der Entwicklung der kapitalistischen Ökonomie und der sozialen Revolution ausging, die für uns sehr fragwürdige Konzeption einer »Zwei-Phasen-Theorie der kommunistischen Revolution«, die die wirkliche Emanzipaton der Arbeiterklasse in die Zukunft verlegte, die Eroberung des bürgerlichen Staates durch das Proletariat als primär für die soziale Revolution ansah (s. *K. Korsch, 10 Thesen über Marxismus heute*, in: *Alternative*, April 1965, S. 89/90). Diese Etappentheorie, die in der Phase der für die Beseitigung des Mangels und der Notdurft notwendigen Entfaltung der Produktivkräfte durch die bürgerliche Gesellschaft alles für sich hatte, den »Sieg« von Marx über Bakunin historisch rechtfertigte, kann für unsere Zeit, in der bei uns in den Metropolen der Kapitalismus auch nicht mehr einen einzigen Funken temporärer Notwendigkeit in sich hat, kaum noch Bedeutung haben.

Die Bedeutung des Marxschen Kommunemodells für die sozialistische Theorie, für die Entwicklung des Bolschewismus und Sowjetmarxismus, ist in der Dissertation des *Genossen K. Meschkat, »die Pariser Kommune im Spiegel der sowjetischen Geschichtsschreibung«*, Berlin 1964 systematisch herausgearbeitet worden. Ein spezielles Kapitel über Bakunin und die Pariser Kommune trägt zur Klärung des Verhältnisses von Marxismus und Anarchismus bei.

Der im wesentlichen durch den Fraktionskampf zwischen »Bakunisten« und »Marxisten« entstandene Spaltungsprozeß der I. Internationale bedeutete für Marx persönlich nicht die Beendigung des theoretischen Streites. 1926 wurden von *Rjazanov* in der russischen Zeitschrift *Letopisi Marksisma* (Annalen des Marxismus) die Randbemerkungen Marxens zu der nach dem Bruch erschienenen und wohl bedeutendsten *Bakunin*-Schrift, *Gosudarstvennosti i Anarkhiia* (Staatlichkeit und Anarchie) erstmalig veröffentlicht, die recht deutlich den tiefen und dauernden Einfluß Bakunins auf Marx zeigten (s. MEW, Bd. 18, S. 599 - 642).

Die Spaltung der I. Internationale im Jahre 1872 bildete einen erneuten Rückschlag für die Emanzipationsbestrebungen der unterdrückten Klassen, stellte den Beginn des durch Krankheit beschleunigten Rückzugs Marxens von der politisch-organisatorischen Arbeit dar, kennzeichnete den Beginn einer sich jenseits von Marx und Engels »ansiedelnden« Interpretation des Marxismus durch die »Marxisten«.

Die erste russische Revolution von 1905 und die damit verbundene Massenstreikdebatte in Deutschland und in Rußland (1906/1911) stellten den nächsten Prozeßpunkt des politischen Marxismus dar. Neben den bereits genannten Biographien über Parvus und Luxemburg sind für die Geschichte und theoretische Analyse der russischen Revolution von 1905 die Bände 8 und 9 der *Lenin-Werke*, Berlin 1960, das *Trotzki*-Buch *Die Russische Revolution 1905*, Berlin 1923 und die für die Dialektik von Reform und

Revolution so wichtige Broschüre von *R. Luxemburg, Massenstreik, Partei und Gewerkschaften* (1906) (in: R. L., *Ausgewählte Reden und Schriften,* Bd. I, S. 157 - 257, Berlin 1955) zu nennen, wobei besonders der Luxemburg-Beitrag, der gleichermaßen ein Beitrag zur deutschen Generalstreiksdebatte war, die nach den russischen Ereignissen sehr radikalisiert begann. Unter den Beiträgen sind die Bücher von *H. R. Holst, Generalstreik und Sozialdemokratie,* Dresden 1906, von *Parvus, Der Klassenkampf des Proletariats,* Berlin 1911 und die die Gesamtdiskussion zusammenfassende Darstellung von *K. Kautsky, Der politische Massenstreik,* Berlin 1914 hervorzuheben. Über den Einfluß der russischen Kämpfe von 1905 auf die deutsche Sozialdemokratie gibt die größere Studie von *C. E. Schorske, German Social Democracy 1905 - 1917,* in: *Harvard Historical Studies,* Vol. LXV (1955) ausgezeichneten Aufschluß. In diese Zeit fielen die für die Revolutionstheorie und praktische Politik des Marxismus folgenreichen Publikationen über die »Theorie der permanenten Revolution« von Parvus und Trotzki. Der Terminus fand sich an verschiedenen Stellen des Marxschen Werkes, gewann aber für Parvus und Trotzki durch die von ihnen durchgeführte Analyse des den Nationalstaat beseitigenden Weltmarktes, unter den spezifischen Bedingungen Rußlands einen völlig neuen Stellenwert. Darüber findet sich manches in der Biographie über Parvus (s. o.), findet sich recht viel über die gemeinsame Ausarbeitung der Theorie durch Trotzki und Parvus in der hervorragenden Trotzki-Biographie von *I. Deutscher, Der bewaffnete Prophet - 1879-1921,* Stuttgart 1962, S. 103 ff.)

Den größten Einschnitt in die sozialistische Bewegung stellte der Zusammenbruch des proletarischen Internationalismus zu Beginn des 1. Weltkrieges dar. Der von der internationalen Linken (von Lenin bis Luxemburg) als »Verrat der Führer« bezeichnete Sachverhalt des nationalen Chauvinismus in großen Teilen des europäischen Proletariats, dürfte zwar kaum den Mittelpunkt dieser Erscheinung treffen, darf auf der anderen Seite aber auch nicht unterschätzt werden. Über diese Zeit legen die Kampfaufsätze von *Lenin-Sinowjew, Gegen den Strom! Aufsätze aus den Jahren 1914 - 1916,* Hamburg 1921 leidenschaftlich Zeugnis ab. In diesem Sammelband finden sich schon die relevantesten polit-ökonomischen Untersuchungen über den Zusammenhang von Reformismus und Imperialismus, über Krieg und Revolution. Das in »Sklavensprache« (Lenin) wegen der notwendigen Zensurrücksichten im Frühjahr 1916 in Zürich geschriebene und als Imperialismustheorie epochemachende Werk, *Der Imperialismus als jüngste Etappe des Kapitalismus* (1917) will Lenin in den Zusammenhang dieser anderen Arbeiten gestellt wissen, was er im Vorwort zur russischen Ausgabe von 1917 ausdrücklich betont.

Die Leninsche Losung von der Umwandlung des imperialistischen Krieges in den Bürgerkrieg setzte sich zuerst in Rußland mit der Februarrevolution 1917 durch und erreichte ihren Höhepunkt in der Verwirklichung der bolschewistischen Diktatur der Avantgarde im Oktober 1917. Zwischen Februar und Oktober haben sich aber in Rußland für die Weiterentwicklung der sozialistischen Theorie ganz außerordentliche Dinge abgespielt, die durch das stalinistische Bild der »eisernen Partei« und ihrer Beherrschung durch den »großen Lenin« bis heute nicht so recht sichtbar wurden, wovon aber Lenins *Staat und Revolution* (1917) nicht zu trennen ist. Was wir meinen, ist der durch die Arbeit von *R. Lorenz, Anfänge der bolschewistischen Industriepolitik,* Köln 1965 sichtbar gewordene Weg der proletarischen Fabrikkomitees in den städtischen Großbetrieben, die nach dem Februar eine spontane und von der provisorischen Regierung nicht gebilligte Nationalisierung durchführten, die nicht von den Bolschewiki bestimmt wurden, sondern denen sich die Bolschewiki im Laufe des Sommers 1917 anpaßten. Die Anpassung an diese bestimmenden Kräfte der Revolution ging zuerst von Lenin aus, der diese nicht erwartete Spontaneität der proletarischen Fabrikkomitees in der ersten Zeit begeistert unterstützte, geradezu die später innerhalb der Komintern so verdammte Luxemburgische Spontaneitätstheorie praktizierte, wovon im Bd. 26 der *Gesammelten Werke,* Berlin 1961 viele Beispiele zu finden sind, wovon *Staat und Revolution* gekennzeichnet ist. Die von den »linken Kommunisten« (Ossinski, Bucharin) als Konzeption angebotene Errichtung eines ökonomischen Rätesystems parallel dem politischen, das die Verbindung von proletarischer Initiative und zentral ökonomischer Autorität ermöglichen sollte, wurde von Lenin als unrealistisch abgelehnt. Er konnte sich erst nach langem Kampf - die Partei der Bolschewiki war in dieser Zeit alles andere als geschlossen und monolithisch - schließlich durchsetzen und ab März 1918 (Brest-Litowsk-Vertrag mit den deutschen Invasoren) orientierten sich die Bolschewiki unkritisch am Bild der während des Krieges in Deutschland praktizierten Form der staatskapitalistischen Zentralwirtschaft.

Für die sozialistische Theorie gibt es bei der Frage des Scheiterns der Fabrikkomitees folgendes zu bedenken: das spontane, revolutionär-syndikalistische Bewußtsein erwies sich als unfähig, von sich aus das betriebliche in ein gesamtgesellschaftliches Bewußtsein zu transzendieren, war auch nicht in der Lage, die darniederliegende Produktion wiederaufzurichten. Die Wichtigkeit dieses Problems klingt auch in der Frage von B. Brecht an K. Korsch an: »Ich würde mir viel von einer historischen Untersuchung des Verhältnisses der Räte zu den Parteien, dieses ganzen komplizierten Prozesses versprechen, die spezifischen Gründe des Unterliegens der Räte, die historischen Gründe, würden mich ungeheuer interessieren. Das ist ungeheuer wichtig für uns, denken Sie nicht?« (in: *Alternative,* a.a.O., S. 99). Ob sich der »neuen Arbeiterklasse« der Gegenwart dieses Problem nicht mehr oder anders stellt, sei dahingestellt. Empirisches Material über die Rätebewegung in Rußland findet sich in der *Geschichte der russischen Revolution* von *L. Trotzki,* Berlin 1960, in der großen Studie von *O. Anweiler, Die Räte in Rußland. 1905 - 1921,* Leiden 1958, für das Problem der deutschen Räte in der »mißglückten« Revolution von 1918 liegt die Schrift von *W. Tormin, Zwischen Rätediktatur und sozialer Demokratie,* Düsseldorf 1954 und die sehr umfangreiche Studie von *P. v. Oertzen, Betriebsräte in der Novemberrevolution 1918* vor. Die Rätefrage »überhaupt« behandelt *L. Tschudi* in seiner Dissertation *Kritische Grundlegung der Idee der direkten Rätedemokratie im Marxismus,* Basel 1952. Die Voraussetzungen, den Ablauf und die Resultate des Prozesses der »Revolution« in Deutschland werden in *A. Rosenbergs, Entstehung und Geschichte der Weimarer Republik,* Frankfurt a. Main 1955 eindringlich dargestellt. Den

Versuch einer begrifflichen Grundlegung des Sozialisierungsgedankens, um der für den Aufbau des Sozialismus nichtssagenden Formel der »Vergesellschaftung der Produktionsmittel« zu entgehen, unternimmt *F. Weil* in seiner auf Korsch basierenden Schrift, *Sozialisierung*, Berlin 1921.

Die Schriften von *K. Korsch, Marxismus und Philisophie*, Leipzig 1923 (2. Auflage 1930 mit neuer Standortbestimmung des von der KPD ausgeschlossenen K.) und von *G. Lukács, Geschichte und Klassenbewußtsein*, Berlin 1923, sind die einzigen niveauvollen Versuche marxistischer Philosophen innerhalb der KP gewesen, in der Form »theoretischer Aktionen«, die in der Organisation der Komintern und im Proletariat sichtbar werdenden Prozesse der Verdinglichung und Pragmatisierung der Marxschen Theorie entgegenzutreten.

Von den Faschismusarbeiten in der Emigration ist besonders die von *P. Sering* (d. i. R. Loewenthal) in der *Zeitschrift für Sozialismus* Nr. 24/25; 26/27, Graphia, Karlsbad aus dem Jahre 1935 zu nennen. In diesem Aufsatz wird auf die wachsenden Kosten für den Verteilungs- und Verwaltungsapparat, auf die den Subventionsstaat immer stärker belastenden faux frais (toten Kosten) hingewiesen. Durch die vom Staat ausgehaltenen unproduktiven Schichten treten neue Tendenzen in der Klassendynamik auf, die das traditionelle Schema von Lohnarbeit und Kapital nicht mehr erfassen kann. Die Unentbehrlichkeit der Produktionsintelligenz für die Reproduktion des Systems wird immer größer, die Entbehrlichkeit der herrschenden Klasse wird auch immer vollständiger. Da die sozialistische Arbeiterbewegung unfähig war, die Wirtschaftskrise sozialistisch zu gestalten, wurde sie zum Objekt der Krise, wurde die »Volksgemeinschaft des Bankrotts«, die in allen Schichten und Klassen zu finden war, immer mehr die bestimmende Kraft der Gesellschaft:

Die typischen Resultate des Faschismus waren:

»1. eine neue höhere Form der staatlichen Organisation.

2. eine neue reaktionäre Form gesellschaftlicher Organisation.

3. eine wachsende Hemmung der ökonomischen Entwicklung durch reaktionäre Kräfte, die sich der Staatsmacht bemächtigt haben.« (S. 787).

Trotzkis, Verratene Revolution (1937), Zürich 1957, mit der These von der gemeinsamen Ursache für die historisch-inhaltlich verschiedenen Phänomene Stalinismus und Faschismus, nämlich die Ursache der Niederlage der mitteleuropäischen Arbeiterbewegung in den 20er Jahren, zog primär Bilanz des 1. sowjetischen Fünfjahrplans und der Prozeßwelle gegen die »trotzkistische« Opposition.

Eine philosophisch glänzende und historisch-soziologisch unvollständige Beschreibung der Entwicklung des Marxismus innerhalb der Dynamik des Prozesses der sowjetischen Gesellschaft von der Phase der ursprünglichen Akkumulation bis zur gegenwärtigen entfalteten »Industriegesellschaft«, ist im Buche von *H. Marcuse, Sowjetmarxismus,* Berlin-Neuwied 1964 zu finden.

In der Zeit des Sieges von Stalinismus und Faschismus »verlagerte« sich das revolutionäre Zentrum immer mehr in die durch Kolonialherrschaft ökonomisch zurückgehaltenen Länder, begann der Prozeß des revolutionären Volkskrieges in China, wovon die inzwischen berühmt gewordenen Bücher von *E. Snow, Red Star over China,* New York 1937 und *A. Smedley, Red China Marches,* New York 1934 erste Kenntnis dieser Geschehnisse in den »ungläubigen« und überraschten Westen brachten.

Die bedeutendsten Theoretiker der kolonialen Revolution, *Che Guevara, Der Partisanenkrieg,* Berlin 1962; *Frantz Fanon, Die Verdammten dieser Erde,* Frankfurt am Main 1966 und *Mao Tse-tung, Theorie des Guerillakrieges,* mit einem einleitenden Essay von *S. Haffner,* Hamburg 1966 liegen nun endlich in billigen Ausgaben in deutscher Sprache vor. Mit der kritischen Analyse des westeuropäischen »Spätkapitalismus« sieht es sehr viel schlechter aus. Das gilt auch für die theoretischen Ansätze, die in der von *M. Horkheimer* herausgegebenen *»Zeitschrift für Sozialforschung« (1932 - 1938)* sowohl durch *K. Mandelbaum, Baumann, F. Weil, H. Grossmann, F. Pollock* u.a. für die polit-ökonomische Analyse der Transformation der kapitalistischen Gesellschaft in den Sozialismus erarbeitet wurden, als auch für die zwar mit den ökonomischen Arbeiten kaum vermittelten, dennoch für eine Neubegründung einer revolutionären Theorie und Praxis unserer Zeit unerläßlichen damaligen Arbeiten von

M. Horkheimer und *H. Marcuse;* die nach dem 2. Weltkrieg von *Adorno* und *Horkheimer* als den Hauptvertretern der »Frankfurter Schule« des Instituts für Sozialforschung veröffentlichten ideologiekritischen Arbeiten sind so sehr bekannt, daß sich eine bibliographische Aufzählung und Kommentierung erübrigt. Die Zerstörung der organisierten Arbeiterbewegung durch den Faschismus und die Korrumpierung des deutschen und internationalen Kommunismus durch den Stalinismus, die Reorganisation und Rekonstruktion des Kapitalismus durch zunehmende staatsinterventionistische Regulierung der ehemals naturwüchsigen und anarchischen Produktion u.a.m. begründeten die *qualitativ neue Form* der kapitalistischen Gesellschaft, die mit der revolutionär-antagonistischen Klassengesellschaft nicht gleichgesetzt werden darf.

Ist die These des Genossen Mandel, daß der westeuropäische Neokapitalismus sich tendenziel dem amerikanischen annähert, richtig, so wird die Rezeption des unserer Ansicht bedeutendsten theoretischen polit-ökonomischen Beitrags seit dem Ende des 2. Weltkriegs, dem Buch *Monopoly Capitalism* (for Che Guevara), New York 1966 von *P. Baran* und *P. Sweezy,* für die Diskussion über die sozio-ökonomische Grundlage unserer *praktisch-politischen Perspektive* von Wichtigkeit. Baran und Sweezy scheuen sich in ihrem Buch nicht, für die politische Strategie des revolutionären Kampfes in Amerika radikal materialistisch begründete Folgerungen aus der durch die Entfaltung der Produktivkräfte und der gesellschaftlichen Arbeitsteilung total veränderten Stellung der produktiven industriellen Arbeiterschaft innerhalb des kapitalistischen Gesamtsystems zu ziehen: Die Industriearbeiterklasse ist in hohe Maße systemintegriert, ganz zu schweigen von ihren Gewerkschaften. Nur die sehr heterogenen Gruppen der »Outcasts«, ob nun Farmarbeiter oder Ghettobewohner und die farbigen nationalen Minderheiten stellen die radikale Negation des Systems dar.

Wir können die Bibliographie des politischen Marxismus nicht abschließen, ohne den für die revolutionäre Gesamtbewegung unserer Zeit so gravierenden Gegensatz der Konzeptionen der chinesischen und sowjetischen Genossen zu nennen. Eine tiefgreifende Analyse, die die materiellen

Grundlagen der verschiedenen Theorien des revolutionären Kampfes ausweist, die die problematische Entwicklung der Sowjetunion und Osteuropas in Richtung sozialistische Leistungsgesellschaft analysiert, die die philosophischen und soziologischen Grundlagen der Theorie der permanenten Revolution von Mao Tse-tung reflektiert, fehlt uns leider noch.

Einige Bemerkungen darüber finden sich in der kleinen Broschüre von *P. Sweezy, The Split in the Capitalist and Socialist World*, New York 1962; *W. Hoffmanns, Die Arbeiterverfassung der Sowjetunion*, Berlin 1956, die zusammen mit dem *Sowjetmarxismus* von *H. Marcuse* zu lesen ist, können für die weiter oben gestellte Problematik der Sowjetunion die Grundlage abgeben.

Dieser Text erschien im Oktober 1966 als Sondernummer der (verbandsinternen) SDS-Korrespondenz, die vom Bundesvorstand in Frankfurt/Main herausgegeben wurde. Die Bibliographie gibt einen guten Eindruck davon, wie bedeutungsvoll und schwierig die theoretische Wiederaneignung der revolutionären Tradition damals war. Sie wurde von Rudi Dutschke und den anderen Antiautoritären im SDS als Basis für ein alternatives Schulungsprogramm verstanden. Die Bibliographie stand in geplant-provokativer Konkurrenz zum Entwurf der Marburger SDSler Frank Deppe und Kurt Steinhaus, die, am traditionellen Marxismus orientiert, die Geschichte von Klassenkämpfen wesentlich aus der Entwicklung der Produktivkräfte ableit(et)en. - Um den Dokument-Charakter des Textes nicht zu beeinträchtigen wurde darauf verzichtet, die inzwischen erschienenen deutschen Ausgaben bzw. Neuauflagen der zitierten Bücher zu nennen (gekürzte Fassung).

Demokratie, Universität und Gesellschaft

(Wir sind dabei, die akademische Würde zu verlieren - und das ist gut so)

I.

Wir haben in unserer Geschichte die »Restaurationen der modernen Völker geteilt, ohne ihre Revolutionen zu teilen. Wir wurden restauriert, erstens, weil andere Völker eine Revolution wagten, und zweitens, weil andere Völker eine Konterrevolution litten, das eine Mal, weil unsere Herren Furcht hatten, und das andere Mal, weil unsere Herren keine Furcht hatten. Wir, unsere Hirten an der Spitze, befanden uns immer nur einmal in der Gesellschaft der Freiheit, am Tag ihrer Beerdigung.« (Marx, Einleitung zur Kritik der Hegelschen Rechtsphilosophie, MEW 1, S. 379/380). Marx schrieb diese Sätze 1844, leider hat sich bis heute die untertänig-reaktionäre Kontinuität in der deutschen Geschichte durchgehalten.

Wir müssen uns der bedeutendsten Prozeßpunkte dieses Geschehens erinnern, um die Besonderheit der deutschen Entwicklung, die wie ein Alp noch auf unserer Gegenwart lastet, voll zu begreifen.

Der Ruf der studentischen Opposition nach Demokratisierung der Hochschulen ist von dem geschichtlichen Prozeß der Entdemokratisierung der Gesellschaft nicht zu trennen.

Der historische Exkurs hat die Funktion, die gegenwärtig sehr schwierige, wenn auch nicht hoffnungslose Lage der antiautoritären Kräfte an der Universität verständlicher zu machen, ihre Auseinandersetzung als Fortsetzung des bald hundertjährigen Kampfes um gerechtere Formen menschlichen Zusammenlebens in Deutschland aufzuzeigen.

II.

Die Gründung des Deutschen Reiches 1871 war nicht das Resultat einer bürgerlich-nationalen Revolution; keine breite Volksbewegung, sondern der militärische Erfolg des preußischen Staates begründete die deutsche Nation. Damit war die Herausbildung eines einheitlichen bürgerlichen Nationalbewußtseins, in England und Frankreich Ergebnis spontaner Massentätigkeit, verhindert. Der militärisch-bürokratische Gewaltapparat, als übergreifende Einheit des Bündnisses von Junkern, Teilen der Bourgeoisie (Schwerindustrie) und des von der Existenz des Staatsapparates materiell abhängigen städtischen Kleinbürgertums, hatte die Aufgabe, die Unterdrückung der oppositionell-demokratischen Kräfte im Innern und die militärisch-ökonomische Expansion nach außen zu gewährleisten.

In Wechselwirkung zu diesem Apparat war eine sich durch hohe Konzentration und Zentralisation des Kapitals auszeichnende Wirtschaftsmaschinerie entstanden. Dennoch war das Bürgertum nur durch seine stärkste Fraktion (Schwerindustrie) im Staatsapparat vertreten.

Der konstituierende Widerspruch in der deutschen Entwicklung bis 1918 war die sehr große Spannung zwischen den hohen und modernen Formen der industriellen Entwicklung auf der einen Seite und der konservativ-halbabsolutistischen politischen Herrschaftsform auf der anderen Seite, der Riß im Volke zwischen der pivilegierten Minderheit und der beherrschten Mehrheit (Arbeiterklasse, Bauernschaft, katholischer Volksteil).

Die durch den Ausgang des 1. Weltkrieges gegebene Möglichkeit, die demokratische Revolution, vielleicht sogar unter sozialistischen Vorzeichen, nachzuholen, schlug fehl.

Die ohne gemeinsamen Oberbefehl und ohne koordinierte Führung entstandenen Arbeiter- und Soldatenräte, die revolutionären Selbstverwaltungsorgane des politisierten Volkes, konzentrierten sich primär auf die Demobilisierung des kaiserlichen Heeres, auf die Sicherung der Ernährung der Bevölkerung, schließlich auf die Vorbereitung der Wahl für die Nationalversammlung, der sie auch ihre Macht übergaben.

Sie enteigneten nicht die geflohenen Herrschaftshäuser, beseitigten nicht die nach ihrem Abgang absurd gewordene Kleinstaaterei, ließen die Grundbesitzer und die diskriminierenden lokalen Privilegien der Junker unberührt, zerschlugen nicht die »Kontinuität der militärischen Führung«, haben weder die für den Krieg wesenhaft mitverantwortliche Schwerindustrie sozialisiert, noch eine Armee des Volkes zur Sicherung und Fortführung der Revolution geschaffen.

Von bestimmender Bedeutung für dieses historische Versagen war die Tatsache, daß die deutsche Arbeiterbewegung als tragender Repräsentant der demokratischen Revolution nicht begriffen hatte, daß unter den Voraussetzungen eines komplizierten Industrie-, Administrations-, Justiz- und Militärapparats die Macht der Reaktion nur durch schnelle und vollständige Übernahme und Demokratisierung dieser Apparate gebrochen werden konnte. So fehlte die politisch-organisatorische Kraft, die die bewußte Kontrolle über Staat und Wirtschaft hätte übernehmen können, kam es nicht zur Entfaltung der Selbsttätigkeit der Massen gegen die sich temporär zurückziehenden Kräfte des Kapitals und Großgrundbesitzes, konnte die überfällige Umwälzung der gesellschaftlichen Grundlagen nicht in Angriff genommen werden.

Haben wir es nicht geschafft, die demokratischen Momente der bürgerlichen Gesellschaft im Laufe unserer Geschichte materiell und ideell zu verankern, ihre partielle Befriedigung der menschlichen Bedürfnisse zu genießen, so ist es uns nicht erspart geblieben, ihre negative Spitze, den Faschismus, konkret zu erleiden. Die damit verbundene ungeheure Entmündigung und Erniedrigung der Menschen, die fast vollständige Entpolitisierung der Massen, die Vernichtung der intellektuellen, politischen, menschlichen und wirtschaftlichen Reichtümer bildeten für den erneuten Anlauf einer demokratischen Umwälzung die denkbar schlechtesten Voraussetzungen.

Der Tag der Befreiung sah in den Westzonen die Mitverantwortlichen des Krieges, die Vertreter des Militärs, der Bürokratie, der liberalen Bourgeoisie, die Repräsentanten der ›inneren Emigration‹ gegen Hitler, kurz, all die Gruppen, die den Faschismus halben Herzens ablehnten und den Kapitalismus mit ganzer Seele liebten, friedlich vereint: sie waren gekommen, um die wieder einmal mögliche und noch notwendigere völlige Verschiebung der Macht- und Eigentumsverhältnisse mit der geschickten Formel von der »Wiederherstellung der Freiheit und des Rechtsstaats« erneut zu verhindern. Die durch Krieg und Verfolgung geschwächte

Sozialdemokratie und die von der Sowjetunion völlig abhängige KPD waren weder willens noch fähig, den Kräften der Restauration ein radikaldemokratisches Programm, die endliche Einlösung der Forderungen von 1918, entgegenzuhalten.

In der Ostzone gab es zwar bald die so unerläßliche objektive Voraussetzung der Demokratisierung, die Verstaatlichung der Schwerindustrie, die Aufteilung des Großgrundbesitzes, aber es kam zu keinem die Initiative und den Demokratisierungsprozeß der Bevölkerung und des öffentlichen Lebens vorantreibenden kritischen Dialog zwischen stalinistisch-bürokratischer Führung und durchaus antikapitalistischen Massen. Die konservativen Kräfte in der Bundesrepublik erhielten die zusätzliche Chançe, durch Beschwörung der kommunistischen Gefahr, durch ideologische Schaffung eines Feindkomplexes, die Mehrheit des Volkes von der Erkenntnis der notwendigen Beseitigung der Wurzeln des Faschismus, der kapitalistischen Produktionsweise, abzulenken.

Der Scheinkonflikt mit Realitätsgehalt, der ›kalte Krieg‹, diente in der Ost-West-Auseinandersetzung als ideologische und materielle Produktivkraft zur besseren Anpassung und Exploitierung der Lohnabhängigen auf beiden Seiten.

III.

Die Gründung und der »Geist der FU« sind von diesem politischen Zusammenhang nicht zu trennen.

Die richtige Ablehnung des Stalinismus, die CIA-Gelder, die unklaren Vorstellungen der Studenten und Professoren über eine »freiheitlich-demokratische Grundordnung«, die objektive Funktion West-Berlins als »Schaufenster des Westens« etc. führten zu einer unwirklichen Abstraktion: dem »Berliner Modell«, der »Gemeinschaft der Lehrenden und Lernenden«, worüber noch zu reden sein wird. Vorher müssen wir noch das konkret Allgemeine, die sozio-ökonomische Entwicklung der BRD skizzieren, um von dieser Grundlage aus das konkret Besondere, die Universität, und schließlich das Einzelne, die FU-Berlin wirklich zu begreifen.

Die sozio-ökonomische Entwicklung der heutigen BRD begann unter günstigen Bedingungen:

a) nur 8% der Industrieanlagen in der BRD waren demontiert;

b) eine ›großzügige‹ Kapitalunterstützung durch die USA setzte ein;

c) die für die Höhe der Wachstumsraten entscheidende Arbeitskräftestruktur war quantitativ und qualitativ gegeben; die Kriegsverluste wurden durch Facharbeiter aus den ehemaligen deutschen Ostgebieten und bis zum 13. August 1961 durch DDR-Abwanderer ausgeglichen.

Schon 1950 wurde der Vorkriegsstand der Produktion für den BRD-Wirtschaftsraum überschritten. Die ökonomische Rekonstruktionsperiode ist aber erst beendet, wird sie nicht durch politische und ökonomische Krisen vorzeitig abgebrochen, wenn das empirische Produktionsniveau den Stand erreicht hat, der erreicht worden wäre, wenn der Krieg nicht stattgefunden hätte, d. h. erst bei voller Ausnutzung der vorhandenen quantitativen und qualitativen Arbeitskräftestruktur, des vollen Einsatzes aller Produktivkräfte. Die von Krieg und anderen Krisen ungestörte wirtschaftliche Entwicklung zeigt in ihren wichtigsten Kennziffern, wie Nationaleinkommen und Produktionsvolumen, eine geometrische Progression, d. h. vermehrt sich pro Zeiteinheit um einen konstanten Faktor, z. B. von Jahr zu Jahr um 7%, was einer Verdoppelungsdauer des Produktionsniveaus von ca. 10 Jahren entspricht. (Vgl. Franz Jànossy, Das Ende der Wirtschaftswunder, Frankfurt/Main o. J.). Diese »Trendlinie« des »normalen Wachstums«, die nur begrenzt ist durch die auf der Grundlage spezifischer Produktionsverhältnisse sich herstellende Arbeitskräftestruktur, wird am Ende der Rekonstruktionsperiode, d. h. nach dem Aufholen der durch Krisen und Krieg hervorgerufenen Wachstumsrückstände, erreicht.

Davon kann in der BRD seit ca. 1963/64 gesprochen werden, zeigte sich doch in den letzten Jahren ein deutliches Fallen der Wachstumsraten, brachten auch hohe Investitionen nicht mehr die erwartete Steigerung der Arbeitsproduktivität mit sich. Die Basis der sozio-ökonomischen Entwicklung, die Beschaffenheit der Qualifikation der Arbeitskraft, scheint ausgeschöpft zu sein. Doch noch bedeutender ist die Tatsache, daß in der Zeit des sogenannten Wirtschaftswunders keine Anstrengungen für ein »Anderswerden« der Berufsstruktur der Facharbeiter unternommen wurden, daß der Aufbau und Ausbau der Universitäten und Hochschulen im wesentlichen stagnierte. Nun, am Ende der riesigen Aufschwungsperiode, müssen, um eine politische und ökonomische Krise zu verhindern, unter erschwerten Bedingungen überhastete Notmaßnahmen ergriffen werden:

- Im Laufe der prosperierenden Rekonstruktionsperiode mit ihren hohen Wachstumsraten wurden dem finanziell starken, aber politisch schwachen Staat durch Druck politischer oder sonstiger Interessenverbände hohe Subventionen abgerungen. Die Verteilung des Sozialprodukts nach politischen Gesichtspunkten ist Kennzeichen der entwickelten Interessentendemokratie.

- Am Ende des Wirtschaftswunders erscheinen die Subventionen für die stützungsbedürftigen Produktionszweige wie Bergbau und Landwirtschaft als für die Stabilisierung der öffentlichen Finanzen gefährliche »Totgewichte« der Wirtschaft.

- Das Eigengewicht der Interessenverbände und ihre Forderungen können in der noch pluralistischen Gesellschaftsform nicht ohne weiteres abgebaut werden, der politische und soziale Sprengstoff wäre bei einer liberalistischen ›Lösung‹ des Problems zu groß. Die Idee einer vorläufigen ›subventionistischen Krisenverschleppung‹ scheint sich auch in der »Großen Koalition« durchzusetzen.

- Die langfristig-strategische Planung der Überwindung der Strukturkrise wird durch Stabilisierungsgesetze, Finanzreform, Parlamentsreform, Notstandsgesetze etc. angegangen. Ziel ist die *staatliche* Regulierung und Führung der Wirtschaft im Interesse der Beibehaltung der bestehenden Eigentums- und Gesellschaftsverhältnisse.

- Als günstigster Ort für eine kurzfristige ›out-put-Steigerung‹ gut ausgebildeter Kräfte der technischen, ökonomischen und pädagogischen Intelligenz, die am Ende der Rekonstruktionsperiode besonders wichtig ist, bietet sich die Universität an. Die Verwissenschaftlichung des Produktionsprozesses bringt notwendigerweise eine enge Beziehung zwischen den herrschenden Interessen der Gesellschaft und dem Ausbildungsgang an der Universität zustande.

Das in den letzten Jahren sprunghaft gestiegene Interesse der Vertreter der herrschenden Un-Ordnung an der Reform der Universität gewinnt seinen materialistischen Begründungszusammenhang in der oben skizzierten ökonomischen Entwicklung. Die Krise in den öffentlichen Finanzen, die eine notwendige Widerspiegelung der ökonomischen Strukturschwierigkeiten im Subventionsstaat darstellt, und für Hunderttausende eine wirkliche Senkung des Lebensstandards mit sich brachte, verbietet einen umfassenden und langfristigen Aufbau neuer Universitäten, den Ausbau der vorhandenen. Man will sich vorläufig begnügen mit der Ausschöpfung der ›unausgenutzten Kapazitäten‹ in der Universität. Eine höhere ›out-put-Rate‹ ist aber gegenwärtig nur noch durch administrative Maßnahmen zu erreichen. Das ›Gespräch‹ über ›Reform‹ schlägt in bürokratischen Zwang um. Zwangsexmatrikulation, Studienzeitverkürzung und Studiengelderhöhung kennzeichnen die wirklichen Reformvorstellungen der Interessenvertreter des Staates. Die auf der letzten Tagung des Wissenschaftsrats in Berlin (20. - 22. 5. 1967) verabschiedete Empfehlung über die Studienbeschränkung in den Naturwissenschaften, Wirtschaftswissenschaften und bezeichnenderweise auch den stark belegten Fächern der Philosophischen Fakultät, aus denen zumeist die kritisch-oppositionellen Studenten kommen, bestätigen die Grundtendenz.

Die bisher infolge starken Widerstands der Studentenschaft noch aufgeschobene Studienzeitverkürzung auf durchschnittlich 8 Semester bedroht ca. 50% der Studentenschaft. Zur Zeit beenden 40 - 50 % ihr Studium nach dem 10. oder 11. Semester nicht, was zumeist auf finanzielle und psychologische Belastungen zurückzuführen ist. Eine Studienzeitverkürzung mit erhöhter Ausstoßquote und einer darauf wartenden Armee von Reserve-Studenten wäre in der Tat im Sinne der Effektivitätssteigerung ein ›Fortschritt‹, ähnlich wie von vielen die Beseitigung der Autonomie der Universität als Fortschritt im Sinne rationalerer Bewältigung gesamtgesellschaftlicher Aufgaben betrachtet wird. In beiden Fällen liegt ein profitorientierter Fortschrittsbegriff vor, der nicht begreifen will, daß diese Maßnahmen nur auf die reibungslosere Aufrechterhaltung der bürgerlichen Gesellschaft hinzielen, der nicht mehr nach den irrationalen Voraussetzungen dieses Staates fragt (wie Spaltung der Gesellschaft in Lohnarbeit und verselbständigtem Kapitalinteresse, woraus Rüstung, Arbeitslosigkeit, die Menschen beherrschende Kulturindustrie u. a. m. resultieren).

Die objektiven Anforderungen der Gesellschaft an die Universität, die aus dem Wachstum und Wandel der ökonomischen Situation der BRD hervorgehen, bedürfen nun zum vollen Verständnis auch der Reflexion über die Entwicklung der studentischen Organisationen und der universitären Hierarchie, durch deren Dynamik die ökonomischen Notwendigkeiten sich durchsetzen sollen.

Wir nehmen dafür die Freie Universität, ihr ›Berliner Modell‹, den erreichten Stand der Politisierung der Studentenschaft, den Stand der Auseinandersetzung mit der Universitätsbürokratie und mit der ›Öffentlichkeit‹ als Ausgangspunkt der Analyse. Die kürzliche Urabstimmung als bisher letzter Höhepunkt der Auseinandersetzungen, dem bestimmt neue auf erweiterter Stufe folgen werden, brachte einen zahlenmäßig knappen Erfolg der AStA. Die wahre inhaltliche Bedeutung des Ergebnisses erschließt sich erst dem, der weiß und begreift, daß es bei der Wahl um den Erfolg der antiautoritären Tendenz gegen die autoritäre des Rektorats, nicht um Bestätigung oder Abwahl der Studentenvertretung ging. So wurde nämlich in letzter Konsequenz *die* gesellschaftliche Grundfrage unter ›hochschulpolitischen‹ Vorzeichen ausgetragen. Das Ergebnis war paradox: die gesamtgesellschaftliche Bewußtlosigkeit der systematisch entmündigten Massen, die periodisch einen Beweis ihrer geistigen Reduziertheit antreten dürfen, reproduzierte sich nicht. Fast 50% der Wähler stimmten für das antiautoritäre Lager.

Wie kam es zu diesem überraschenden Ergebnis, was bedeutet es und welche Schlußfolgerungen sind daraus zu ziehen? Sind die ›FU-Zustände‹ ein nur lokal zu verstehender Anachronismus oder stellen sie die Zukunft der deutschen Universitäten überhaupt dar? Schon in den 50er Jahren bildet sich an der Philosophischen Fakultät, von kritischen Professoren angeregt, eine linke Subkultur heraus, sorgte für eine Kontinuität kritischen Bewußtseins an der Universität und in den sich konstituierenden politischen Studentenverbänden. In dieser Fakultät war es bisher noch am ehesten möglich, sich zu der eigenen wissenschaftlichen Arbeit menschlich zu verhalten, das heißt ihr Verhältnis zur Bewußtwerdung und Humanisierung von Gesellschaft und Natur kritisch zu prüfen, Soziologie z. B. als den zur ›Wissenschaft gewordenen Widerspruch der bürgerlichen Gesellschaft‹ (S. Landshut, Kritik der Soziologie, Leipzig 1929, S. 63) zu begreifen. Für diese Gruppierung war die Trennung von Hochschulpolitik und allgemeiner Politik, die Trennung von Universität und Gesellschaft nur Ausdruck der Reproduktion der ›Spaltung des Menschen‹ in Privatmann und Staatsbürger. Sie ergriff jede Gelegenheit, um durch außen- und innenpolitische Aufklärungsveranstaltungen und Demonstrationen den Zusammenhang von Wissenschaft und Politik herauszuarbeiten. Dennoch war ihre Isoliertheit innerhalb der Studentenschaft nicht zu übersehen. Eine wesentliche Verschiebung erfolgte erst zwischen 1963/66, viele Faktoren kamen zusammen:

die gegen Tschombè, Verwoerd und das Südvietnamesische Regime durchgeführten Demonstrationen und Aktionen hatten ›Konflikte‹ mit der Polizei herbeigeführt;

die Westberliner Presse begann sich auf die ›Radaubrüder, die sich Studenten nennen‹, ›einzuschießen‹;

die Anzahl der Informations- und Aufklärungsveranstaltungen der linken politischen Studentenverbände war stark angestiegen;

der »herrschende Antikommunismus« wurde durchbrochen; niemand liebte Ulbricht und seine Bürokratie, aber den meisten wurde er bedeutungslos und langweilig; es wurde erkannt, daß dieser ›faule Fleck‹ des Sozialismus von unseren Herrschenden nur als Rechtfertigung und Kaschierung ihrer eigenen Schwächen benutzt wurde;

die Existenz und Virulenz der nationalen Befreiungsbewegungen, besonders die der FNL Südvietnams, faszinierte große Teile der Studentenschaft, wie die sich immer deutlicher abzeichnende und zunehmende Aggression der USA in Vietnam die anderen Teile verwirrte und beunruhigte; der

›Fall Krippendorf‹ und die ›Affäre Kuby‹ verletzten das demokratische Empfinden vieler Studenten;

die Universitätsverwaltung begann ihre restriktionsfreudige Poltik;

die Arbeitssituation an der Freien Universität wurde tendenziell schlechter, die Zahl der Studenten größer; die Qualität der Vorlesungen und Seminare sank infolge bürokratischer Verpflichtungen der Professoren ab;

das latente und ganz abstrakte Unbehagen über die bestehende Ordnung, die Erfahrung mit der Polizei auf der Straße, die Aufklärung in und durch die Veranstaltungen, der Druck von außen und die bewußte oder unbewußte Überzeugung, daß die Gesellschaft an den persönlichen seelischen und körperlichen Verkrüppelungen hohe Schuld trägt, schufen eine psychische Disposition, die starke antiautoritäre Tendenzen und Elemente in sich trägt;

der AStA konnte sich der allgemeinen Politisierung nicht entziehen, ganz im Gegenteil, wurde bald Motor in der weiteren Auseinandersetzung mit der Administration.

Über Rolle, Funktion und Möglichkeiten des Allgemeinen Studentenausschusses muß einiges hinzugefügt werden: er ist der einzige Ort innerhalb der hierarchischen Gliederung der Universität, wo sich ein relatives, immer wieder erneut herzustellendes Vertrauen zwischen den ›Funktionären‹ und der Studentenschaft herstellen kann. Hier ist auch die schwächste Stelle der autoritären Universität.

Die Bürokratisierungstendenz des AStA und die unpolitische Haltung der Studentenschaft bedingen sich wechselseitig. Die Aufgabe der linken Studentenverbände besteht gerade darin, eine der beiden Seiten stärker zu politisieren, um die Bewußtseinsschärfung größerer Teile der Studentenschaft durch Aktion und Aufklärung zu ermöglichen. Hinzu kommt, daß die studentische ›Basis‹ nicht wie bei den Parteien des Faschismus, Stalinismus und autoritären Staatskapitalismus (SPD, CDU-CSU) materiell von der etablierten ›Führung‹ abhängig ist. Einem kritischen Dialog zwischen den mündigen Teilen der Studentenschaft und ihren temporären Vertretern, die eben keine ›Berufspolitiker‹ sind, steht prinzipiell nichts im Wege. Diese in der Gesellschaft schon längst abgeschaffte Möglichkeit ist der größte Schutz der

Studenten gegen die autoritären Anforderungen von Universitätsbürokratie und Gesamtgesellschaft.

Die ›Sit-Ins‹ sind Kampagnen, um die Aktionseinheit des antiautoritären Lagers mit seinen zeitweiligen Repräsentanten zu ermöglichen, um ›Gesprächen‹ jenseits der bewußten Öffentlichkeit der Universität vorzubeugen. Wir sollten uns darüber klar sein, daß der Senat und sein verlängerter Arm, die Universitätsbürokratie, weder in der Bevölkerung noch im autoritätsfixierten Lager der Universität eine aktive und stabile Massenbasis gegen die Opposition haben. Die Mobilisierung der Pseudoöffentlichkeit der Massen-Medien gegen uns ist unvermeidbar, aber relativ unwichtig. So bleibt ihnen gegen die oppositionellen Studenten nur die polizeiliche und bürokratische Gewalt, von der sie auf kurz oder lang wieder Gebrauch machen werden.

Die bewußteste und aktivste Opposition gegen die Entdemokratisierung der Gesellschaft geht von den Universitäten aus. Die tendenzielle Beseitigung der studentischen Opposition durch exemplarische Bestrafung und Relegierung der ›Rädelsführer‹ muß als Angriff auf die bedeutendsten Ansätze demokratischen Bewußtseins angesehen und mit adäquaten Aktionsformen beantwortet werden. Die Auseinandersetzung in West-Berlin trägt einen doppelt beispielhaften Charakter:

für die westdeutschen Universitäten;

die FU-Bürokratie will den Disziplinierungswillen der Universitätshierarchie demonstrieren.

Die durch große Teile der Professorenschaft vertretene hierarchische Struktur der Universität beabsichtigt, um die Eigenständigkeit ihrer Lehre und Forschung zu erhalten, mit den profitorientierten Rationalisierungsvorschlägen der Kultusminister einen Kompromiß auf dem Rücken der Studentenschaft einzugehen, sich mit Studienbeschränkungen, Studienzeitverkürzung usw. einverstanden zu erklären, was nichts anderes heißt, als für sich die Wissenschaft behalten zu wollen, den Studenten aber eine schnelle Berufsschule in Richtung Amt und Ehe anzubieten!

Die Kultusminister, zwar zufrieden mit der Ausbildung von ›Spezialisten ohne Herz und Verstand‹ (M. Weber), vulgärer: »Fachidioten« wollen dennoch die Beseitigung

›alter Zöpfe der Hierarchie‹ den Studenten als ›größere Mitbestimmung‹ verkaufen; die Kette erhält einige Blumen. Die Studenten sollen ihre eigene Beerdigung organisieren dürfen. Studienzeitverkürzung, Studienbeschränkung, Zwangsexmatrikulation und Mitbestimmung schließen sich per definitionem aus.

Nur noch wenige Professoren lehren etwas über den Zusammenhang wissenschaftlicher Ausbildung und praktisch-politischer Tätigkeit im Namen der Vernunft gegen die Herrschaft der Unmündigkeit, der ›totgeschlagenen Materie‹ über den lebendigen Menschen. Aus dieser Trennung von Wissenschaft und Befreiungsbewegungen resultiert u. a. eine der symptomatischsten und erschreckendsten Erscheinungen des gegenwärtigen Studiums: die völlige Beziehungslosigkeit zwischen dem Professor und den Studenten.

In Kürze haben die jungen Studenten die Routine und Langweiligkeit der ›Vorführung‹ des Materials durchschaut, dann gibt es nur noch eine müde und mechanische Reaktion. Der Zusammenhang ist einleuchtend: die Gesellschaft erwartet von der Universität mit zynischer Selbstverständlichkeit ›sozialisierte‹ und untertänige Staatsdiener (Motto: Berlin braucht keine Provos, sondern Studenten für Deutschland. Ja, für Ihr Deutschland).

Der ernsthafte Teil der Studentenschaft, das kritisch-antiautoritäre Lager betrachtet die Studienzeit nicht als Rezeption bedeutungslosen Wissens, nicht als Durchgang zum sozialen Aufstieg in einer repressiven Gesellschaft, nicht als lustigen Zeitvertreib oder pseudo-revolutionäres Happening, sondern als die der Mehrheit der Menschen systematisch verweigerte Möglichkeit, sich durch intensive Anstrengung von den durch Vergangenheit und Erziehung verinnerlichten fremden Herrschaftsinteressen zu befreien, die spezifisch menschliche Verstandestätigkeit in sprengende Vernunft gegen die bestehende Gesellschaft zu transformieren.

Die Niederlage dieser Studenten wäre der Sieg der autoritären Leistungsuniversität. In ihr geht alle Aktivität und Bewegung von oben aus. Ihr Telos ist der geschlossene und formierte Einsatz aller Abteilungen und Ressorts für die Ziele der Gesamtpolitik, d. h. für den status quo des etablierten Gleichgewichts der Herrschaft.

IV.

Die parlamentarische Demokratie sollte und konnte nach dem Faschismus nur eine Übergangsperiode für die Rekonstruktionsperiode sein. Zweiparteiensystem, Notstandsgesetze, Stabilisierungsgesetze und Leistungsuniversitäten markieren den Weg in den autoritären Staatskapitalismus.

Der parlamentarische Staat als eine große Börse der Interessengruppen, die Kompromisse über ihren Anteil am Sozialprodukt eingingen, soll ersetzt werden durch die Herrschaft der ›sachorientierten‹ Verwaltungsmaschine, der staatlichen Exekutive. Das ›natürliche Bedürfnis‹ nach Beschränkung aller Interessen und Tätigkeiten auf den Rahmen der bürgerlichen Gesellschaft findet in der staatlichen Exekutive seinen vollendetsten Ausdruck. Die Ablehnung und Durchbrechung dieser ›Ordnung‹ durch die Studenten ist die conditio sine qua non unserer antiautoritären Praxis. Diese ›neue Form‹ der staatlichen Organisation beseitigt die bisherige Eigengesetzlichkeit der politischen Mechanik der Interessendemokratie, der Kompromiß- und Resultantencharakter der Politik verschwindet.

Die einheitliche und zentrale Leitung der Gesellschaft, erzwungen durch die Funktionsnotwendigkeiten des Subventionsstaates, die Anwendung der modernen Planwirtschaft und der organisierten Arbeitslosigkeit lassen unsere Gesellschaft als eine ›Parodie auf die klassenlose Gesellschaft‹ erscheinen. Noch werden die Menschen durch ein System von Konzessionen bei der Stange gehalten.

Die materiellen Bedingungen für die Aufkündigung des ›Bündnisses‹ zwischen Beherrschten und Herrschenden sind schon längst reif, alles hängt vom bewußten Willen der Menschen ab, die von ihnen schon immer gemachte Geschichte endlich der Kontrolle und den Bedürfnissen des Menschen zu unterwerfen.

In der jetzigen Phase des Übergangs zu einer neuen Form der ›regulierten Beherrschung‹ der Menschen ist die Herausbildung eines antiautoritären Lagers an der Universität von wesentlicher Bedeutung für die gesamtgesellschaftliche Entwicklung.

Wir befinden uns in der Auseinandersetzung an der Freien Universität an einem Prozeßpunkt, wo für die nächste Zeit eine plötzlich zugespitzte Situation zu erwarten ist, eine Situation, in der sich die allgemeine Tendenz der profitorientierten Leistungsuniversität gegen die antiautoritären Kräfte durchzusetzen versuchen wird. Das neue Universitätsgesetz wird dabei eine nicht unbedeutende Rolle spielen.

Wir führen die Auseinandersetzung mit dem Rücken an der Wand, ohne illusionäre Hoffnungen, aber wir führen sie permanent und haben die Überzeugung, durch die ununterbrochene Vermittlung von Aktionen und Aufklärungskampagnen unser ›Lager‹ der Anti-Autoritären vergrößern zu können. Wofür? Für die Aufrechterhaltung des Beispielcharakters der an der FU geführten Auseinandersetzungen für die anderen westdeutschen Universitäten, für die Erweiterung des Bündnisses mit den wenigen antiautoritären Gruppen in der Gesellschaft, last not least in eigener Sache, ist doch die Herausbildung antiautoritärer Charakterstrukturen ein Wert in sich, ein elementar wichtiger Schritt auf dem Wege zur menschlichen Emanzipation.

Wir schwimmen nicht mehr im Schlepptau der öffentlichen Meinung, sind kein von Parteien und Interessengruppen umschmeicheltes Lieblingskind, ›man‹ lobt uns nicht mehr – und das ist gut so. Wir sind dabei, die akademische Würde zu verlieren und das ist gut so. Wir sind dabei, die akademische Würde zu verlieren und das ›Niveau der Geschichte‹ (Marx) zu gewinnen, das Niveau von Madrid, Barcelona, Berkeley und Caracas.

›Friede‹ dem Berliner Modell, Krieg den autoritären Zuständen in und außerhalb der Universität!

Dieser Beitrag entstand im Mai 1967, unmittelbar nach einer vom AStA der FU durchgeführten Urabstimmung. Der Hintergrund: nach einem Sit-In hatte der Rektor der FU, Lieber, die Verträge der beiden AStA-Vorsitzenden und des Konventsvorsitzenden, die HiWi-Stellen innehatten, gekündigt sowie gegen die Betroffenen und zwei weitere Studenten (unter ihnen Dutschke) ein Disziplinarverfahren angekündigt. Daraufhin beschloß der Konvent eine Urabstimmung: der studentischen Vertretung sollte das Vertrauen ausgesprochen werden. Die Abstimmung - ein riskantes Unternehmen - ging knapp aus: 46,1 % stimmten für den AStA, 43,4 % gegen ihn. - Der Fall Kuby: mit ihm begann die Serie der offenen politischen Auseinandersetzungen an der FU; Erich Kuby war vom AStA eingeladen worden, am 7. Mai 1965 an einer Podiumsdiskussion aus Anlaß des 20. Jahrestages der Kapitulation des Dritten Reiches teilzunehmen. Kuby war daraufhin von Rektor Lüers die Teilnahme verboten worden - Begründung: Kuby habe sich sieben Jahre vorher in einem Vortrag an der FU abschätzig über diese Universität geäußert. Dieses Verbot löste den entschiedenen Protest fast aller studentischen Organisationen aus. - Der Fall Krippendorf: Ekkehart Krippendorf, Assistent am Otto-Suhr-Institut der FU, hatte öffentlich die Entscheidung von Rektor Lüers kritisiert. Daraufhin wurde ihm vom Rektor mitgeteilt, sein Vertrag werde nicht verlängert werden. Auch in diesem Fall wandten sich fast alle studentischen Organisationen gegen die autoritäre Entscheidung. Der Konflikt endete mit einem Kompromiß: der Vertrag wurde zwar nicht verlängert, Krippendorf bekam aber ein Habilitationsstipendium.

Auf der Tagung der Akademie Bad Boll (1968)

Professor Habermas, Ihr begriffsloser Objektivismus erschlägt das zu emanzipierende Subjekt!

(Redebeitrag auf dem Kongreß in Hannover am 9. Juni 1967)

Rudi Dutschke:

Meine Damen und Herren, um ihre Zeit nicht zu sehr in Anspruch zu nehmen, habe ich das ausgearbeitete Referat wesentlich gekürzt.

Mit der Verringerung der Möglichkeiten, die Schranken der Akkumulation durch Ausdehnung des kapitalistischen Feldes zu überwinden - die Welt ist aufgeteilt, die Dritte Welt hat ihren Kampf begonnen -, mit dem dadurch bedingten Ausmaß der Kapitalvernichtung, durch Rüstung, künstliche Aufblähung eines gigantischen Bürokraten- und Verwaltungsapparates, struktureller Arbeitslosigkeit, unausgenutzten Kapazitäten, Reklame etc., das heißt also mit dem Anwachsen der gesellschaftlichen toten Kosten, mit dem wachsenden Zurückbleiben der Produktionssteigerung hinter ihren technischen Möglichkeiten treten neue Tendenzen in der Dynamik des Klassenkampfes auf, verändert sich das traditionelle Theorie-Praxis-Verhältnis im Marxismus.

Bei Professor Habermas kann es noch mit Marx so heißen: es genügt nicht, daß der Gedanke zur Wirklichkeit drängt, die Wirklichkeit muß zum Gedanken drängen. Das war richtig für die Zeit der transitorischen Notwendigkeit des Kapitalismus. Davon kann schon längst keine Rede mehr sein. Die materiellen Voraussetzungen für die Machbarkeit unserer Geschichte sind gegeben. Die Entwicklungen der Produktivkräfte haben einen Prozeßpunkt erreicht, wo die Abschaffung von Hunger, Krieg und Herrschaft materiell möglich geworden ist. Alles hängt vom bewußten Willen der Menschen ab, ihre schon immer von ihnen gemachte Geschichte endlich bewußt zu machen, sie zu kontrollieren, sie sich zu unterwerfen, das heißt, Professor Habermas, Ihr begriffsloser Objektivismus erschlägt das zu emanzipierende Subjekt. Die Mechanisierung des Arbeitsprozesses mußte den Anteil der gelernten Arbeiter an der gesamten industriellen Arbeit zwangsläufig verringern. Parallel dazu wächst aber die Bedeutung und Unentbehrlichkeit der zahlenmäßig verringerten, gelernten Schicht, der technischen und ökonomischen Intelligenz für den gesamten gesellschaftlichen Reproduktionsprozeß.

Diese Verwissenschaftlichung des Produktionsprozesses ist auch die Grundlage einer neuen Funktionsbestimmung der Universität durch den Spätkapitalismus, ist Ausgangspunkt einer antiautoritären Politisierungsmöglichkeit der Universität durch uns. Das in den letzten Jahren sprunghaft gestiegene Interesse der herrschenden Unordnung bezüglich der Reform der Universität gewinnt seinen materialistischen Begründungszusammenhang in der oben skizzierten ökonomischen Entwicklung. Die objektiven Anforderungen der Gesellschaft an die Universität, die aus dem Wachstum und Wandel der ökonomischen Situation der BRD hervorgehen, bedürfen zum vollen Verständnis auch der Reflexion über die Entwicklung der studentischen Organisationen und der universitären Hierarchie, durch deren Dynamik die ökonomischen Notwendigkeiten sich durchsetzen sollen. Wir nehmen dafür die FU, ihr Berliner Modell, den erreichten Stand der Politisierung der Studentenschaft, den Stand der Auseinandersetzung mit der Universitätsbürokratie, mit der »Öffentlichkeit«, als Ausgangspunkt der Analyse.

Die kürzliche Urabstimmung, als vorletzter Höhepunkt der Auseinandersetzungen in Westberlin, dem bestimmt neue auf erweiterter Stufenleiter folgen werden, brachte einen zahlenmäßig knappen Erfolg des AStA, der aber erst dem wirklich klar wird, der begreift, daß es bei der Wahl nicht um Abwahl oder Anerkennung des AStA ging, sondern daß es darum ging, sich zu bekennen zur antiautoritären Tendenz oder zur autoritären Tendenz des Rektorats, damit waren nämlich in letzter Konsequenz die entscheidenden gesellschaftlichen Grundfragen unter hochschul-politischen Vorzeichen an der Tagesordnung, d. h. wir haben die entscheidende Frage gestellt nach Mündigkeit oder Unmündigkeit des Studenten in unserer Universität. Das Ergebnis war paradox. Die gesamtgesellschaftliche Bewußtlosigkeit der systematisch entmündigten Massen, die periodisch in den

Wahlen den Beweis ihrer geistigen Reduziertheit antreten dürfen, reproduzierte sich nicht. Fast fünfzig Prozent der Studenten stimmten für das antiautoritäre Lager. Wie kam es zu diesem überraschenden Ergebnis, was bedeutet es für die Bundesrepublik, welche Schlußfolgerungen sind daraus zu ziehen? Sind die FU-Zustände Anachronismus, oder stellen sie vielleicht die Zukunft der deutschen Universität dar? Die entscheidende politische Verschiebung im Politisierungsprozeß an der Freien Universität erfolgte in den Jahren 1963/66. Viele Faktoren wurden schon genannt, einige meiner Meinung nach entscheidende wurden ausgelassen. So, u. a., daß der Ausgangspunkt der Politisierung eines Teils der Westberliner Studentenschaft Aktionen auf der Straße gegen Tschombé, Verwoerd u. a. Regime der dritten Welt waren. Und das ist von entscheidender Bedeutung darum, meine Damen und Herren, weil diese Aktionen, die wir durchführten, Aktionen waren, die Resultat einer rationalen Bewältigung des zur damaligen Zeit diskutierten Protestproblems darstellten.

Wir hatten in monatelanger Diskussion theoretisch herausgearbeitet, daß die bürgerliche Demokratie, in der wir leben, sich gerade dadurch auszeichnet, daß sie es dem Lord gestattet, mit seinem Hund spazierenzugehen und so auch den Vietnam-Protesten den Weg zur Verfügung stellte und die Kanalisierung des Protestes durchführt. Aus dieser theoretischen Einschätzung der Integrationsmechanismen der bestehenden Gesellschaft ist es für uns klargeworden, daß die etablierten Spielregeln dieser unvernünftigen Demokratie nicht unsere Spielregeln sind, daß Ausgangspunkt der Politisierung der Studentenschaft die bewußte Durchbrechung dieser etablierten Spielregeln durch uns sein mußte. Diese theoretische Diskussion über die Möglichkeiten, den Protest zu integrieren und die direkte und richtige, weil historisch mögliche Solidarisierung mit den kämpfenden Völkern zu verhindern, war Ausgangspunkt von praktischen Aktionen auf der Straße, die allerdings noch andere Faktoren mitbedingten, daß wir es zu einer Politisierung an der FU brachten. So zum Beispiel, um das nur der Vollständigkeit halber hinzuzufügen, daß die Zahl der Studenten immer größer wurde, die Qualität der Vorlesungen und Seminare in Folge bürokratischer Verpflichtungen der Professoren immer schlechter wurden.

Ein anderes wichtiges Moment der Politisierung war, daß das latente und ganz abstrakte Unbehagen über die bestehende Ordnung, die Erfahrungen auf der Straße, die Aufklärung in den Veranstaltungen, der Druck von außen und die bewußte oder unbewußte Überzeugung, daß die bestehende Gesellschaft an den persönlichen, seelischen und körperlichen Verkrüpplungen Schuld trägt, eine psychische Disposition schufen, die starke antiautoritäre Elemente und Tendenzen in sich trug, in sich trägt. Hinzu kam als letzter und sehr wesentlicher Punkt, daß der AStA der FU sich der allgemeinen Politisierungstendenz nicht entziehen konnte, er wurde immer mehr mitgestaltender Motor in der weiteren Auseinandersetzung mit der Administration.

Die tendenzielle Beseitigung der studentischen Opposition durch exemplarischen Polizeiterror, durch Bestrafung und Relegierung sogenannter Rädelsführer muß von uns als Angriff auf die bedeutendsten Ansätze demokratischen Bewußtseins nach dem Zweiten Weltkrieg in Deutschland angesehen werden und mit adäquaten Aktionsformen beantwortet werden. Die staatliche Gewaltmaschine, die Bürokratie und die Exekutive, sind die selbstverständlichen Hüter der Ordnung, Ruhe und Sicherheit der bestehenden Herrschaft. Jede Bewegung politischer Gruppen, die die Notstandspielregeln der unvernünftigen Ordnung nicht mehr akzeptieren, wird von ihr als direkter Angriff auf die bestehende Ordnung angesehen - und das ist richtig. Wir sehen das täglich jetzt in Westberlin und dennoch sind wir illusionslos genug einzusehen, daß wir nichts anderes in der nächsten Periode als eine Vergrößerung des antiautoritär-realdemokratischen Lagers in- und außerhalb der Universität erreichen können, und das wäre schon sehr viel. Sie sehen, wie sehr die Herrschenden um ihre Sicherheit zu fürchten beginnen.

Das kann man in Berlin geradezu exemplarisch in diesen Tagen erfahren. Wer gestern die Parlamentsdebatte gehört hat, dürfte damit übereinstimmen. Sie beginnen sich dann zu fürchten, sobald eine radikaldemokratische Opposition, vermittelt durch rationelle Bwältigung der Problematik, politische Praxis gegen undemokratische Herrschaftsfunktionen beginnt und dazu gehören praktische Proteste gegen die der Integration und Anpassung der Bevölkerung dienenden Staatsbesuche. Und es zeigte sich bei uns in Westberlin, daß die Phase der direkten Auseinandersetzung mit der etablierten Ordnung auch die festen Organisationen der Studentenschaft,wie AStA, SDS, SHB, LSD u. a. unterläuft. Daß allein die praktische, kritische Entfaltung der bewußtesten Teile der Studentenschaft durch entstehende Aktionszentren eine politische Kontinuität der Auseinandersetzung unter größter Beteiligung der Studentenschaft ermöglicht, was unter SDS-Flagge, AStA-Flagge, LSD-Flagge, oder was auch immer unmöglich ist, darum Aktionszentren zur Kontinuität der politischen Arbeit an der Universität, wir sind mit unseren Aktionszentren in Westberlin jetzt schon über eine Woche tätig, das ist der längste Zeitraum wirklich massenhafter, politischer Kontinuität, die wir je in Westberlin gehabt haben, wir haben die Hoffnung, daß diese räteartigen Gebilde an allen westdeutschen Universitäten in den nächsten Tagen gegründet werden, denn die rationale Bewältigung der Konfliktsituation in der Gesellschaft impliziert konstitutiv die Aktion, wird doch Aufklärung ohne Aktion nur zu schnell zum Konsum, wie Aktion ohne rationale Bewältigung der Problematik in Irrationalität umschlägt. Ich fordere alle westdeutschen Studenten auf, umgehend Aktionszentren in den Universitäten der BRD aufzubauen: für die Expandierung der Politisierung in Universität und Stadt durch Aufklärung und direkte Aktion; sei es gegen Notstand, NPD, Vietnam oder hoffentlich bald auch Lateinamerika. Ich fordere die Aktionszentren auf, daß sie koordinierte politische Aktionen in der ganzen Bundesrepublik und Westberlin in den nächsten Tagen und Wochen mobilisieren, denn es geht darum, daß wir für Dienstag in Westberlin eine Demonstration beantragt haben zur Aufhebung des Demonstrationsverbotes. Sollte diese einberufene Demonstration nicht gestattet werden, so haben wir bei uns beschlossen, daß unmittelbar nach Verbot der Demonstration über Kampfaktionen gegen dieses Demontrationsverbot beraten wird und darüber entschieden wird, und wir wären sehr froh darüber, wenn Dienstag westdeutsche Aktionszentren in Westberlin wären, um dort gemeinsame Aktionen zu beschließen.

In einer Antwort auf mehrere Diskussionsbeiträge sagte Rudi Dutschke u. a.:

Und zu Herrn Kuhn, folgendes: ich denke, daß ich in der Theorie-Praxis-Beziehung, die wir auch als historische Beziehung in den verschiedenen sozial-ökonomischen Formationen zu begreifen haben, in dem Augenblick Wesenhaftes verändert, wenn ein Punkt in der historischen Entwicklung erreicht ist, wo die materiellen Voraussetzungen für eine neue Welt gegeben sind. Marx ging davon aus, daß wir eine dialektische Identität von Ökonomie und Politik hatten. Die Tendenz der Ökonomie sollte in Richtung Krise gehen und die Krise politische und menschliche Emanzipation durch kämpferische Aktion ermöglichen. Da aber die gegenwärtige, sozio-ökonomische Entwicklung diese emanzipierende Tendenz nicht mehr in sich trägt, verändert sich vollkommen das Gewicht der subjektiven Tätigkeit des einzelnen. Davon bin ich ausgegangen, damit ist genannt eine neue Bestimmung des Voluntarismus. Wir können nicht mehr einfach sagen, Wille ist falsch, denn unter den Bedingungen, wo Tendenzen qua Tendenzen nicht mehr emanzipierend, geschichtlich vorangehen, wird die praktische Tätigkeit der Menschen in der gegenwärtigen Periode von entscheidender Bedeutung für unsere Zukunft und darum neue Bestimmung der subjektiven Tätigkeit, darum ›sich-wenden‹ gegen einen Objektivismus, der weiterhin vertraut auf einen emanzipatorischen Prozeß, der sich naturwüchsig durchsetzt. Dieses Vertrauen habe ich nicht, ich vertraue nur auf die konkreten Tätigkeiten von praktischen Menschen und nicht auf einen anonymen Prozeß.

Etwas später - Rudi Dutschke hatte die Versammlung wegen der brisanten politischen Situation in Berlin schon verlassen - antwortete Jürgen Habermas:

Jürgen Habermas:

Meine Damen und Herren, ich hoffe, daß Herr Dutschke noch hier ist.

Zwischenruf:

Nein!

Jürgen Habermas:

Es tut mir leid, ich kann dann in der vorgesehenen Schärfe mich nicht mehr äußern, wie ich es eigentlich vorgehabt hatte. Denn in Abwesenheit von Herrn Dutschke wäre es leicht, hier ein argumentatives Wort zu sprechen, so will ich mich also mäßigen und nur einige Fragen stellen. Ich bin erstaunt, daß die Linie, die Herr Dutschke hier vertreten hat, zwar aus dem Publikum in Frage gestellt worden ist, aber vom Tisch der Veranstalter ohne Kommentar hingenommen worden ist. Ich möchte, oder ich hätte gerne Herrn Dutschke folgendes gefragt. Ich bin aus dem Auto wieder zurückgekommen, weil ich es für richtig hielt, doch nicht zu schweigen. Herr Weller hat wiederum von Brutalität und Unmenschlichkeit gesprochen, und ich meine, daß wir diese Vokabeln glaubwürdig nur verwenden und vertreten und nicht nur zu manipulativen Zwecken ausstreuen können, wenn Herr Dutschke uns eine klare Auskunft auf folgende Fragen in einem positiven Sinne gäbe. Herr Dutschke hat als konkreten Vorschlag, wie ich zu meinem Erstaunen nachher festgestellt habe, nur vorgetragen, daß ein Sitzstreik stattfinden soll, das ist eine Demonstration mit gewaltlosen Mitteln. Ich frage mich, warum nennt er das nicht so, warum braucht er eine dreiviertel Stunde, um eine voluntaristische Ideologie hier zu entwickeln. Ich bin der Meinung, er hat eine voluntaristische Ideologie hier entwickelt, die man im Jahre 1848 utopischen Sozialismus genannt hat, und der unter heutigen Umständen, jedenfalls ich glaube, Gründe zu haben, diese Terminologie vorzuschlagen, linken Faschismus nennen muß. Es sei denn, daß Herr Dutschke aus dem, was er an Überbau hier entwickelt hat, praktisch keine Konsequenzen zu ziehen wünscht. Das hätte ich gerne geklärt. Ich hätte gerne geklärt, ob er nun willentlich die manifeste Gewalt herausfordert nach dem kalkulierten Mechanismus, der in dieser Gewalt eingebaut ist, und zwar so, daß er das Risiko von Menschenverletzung, um mich vorsichtig auszudrücken, absichtlich einschließt oder nicht. Die offizielle Version, gegen die Sie auf eine so überaus überzeugende, auf eine überaus erfolgreiche Weise, meine Berliner Kommilitonen, in den letzten paar Tagen mit dem festen Recht angegangen sind, nämlich, die Version, daß der Tod eines

Kommilitonen auf das Konto von provokationistischen Studentenhorden geht, diese Version, und ich hätte das gerne Herrn Dutschke gefragt, würde sie Wahrheit werden können, wenn seine Strategie sich durchsetzt? Oder habe ich ihn total mißverstanden?

Zwischenruf:

Ja, selbstverständlich, Sie haben ihn nicht verstanden. Total mißverstanden - total mißverstanden.

Jürgen Habermas:

So, so! Bitte, bin ich der einzige, der ihn so mißverstanden hat? Meine Damen und Herren, wir können über die progressive Rolle von Gewalt diskutieren, und es ist in der Theorie, der ich nicht eben fern stehe, sehr ausführlich darüber diskutiert worden. Es gibt eine progressive Rolle der Gewalt, und die analytische Unterscheidung zwischen progressiver und reaktionärer Gewalt hat seinen guten Sinn eben für die Analyse. Aber ich meine, daß in einer Situation, die weder objektiv revolutionär ist, noch in einer Situation, nachdem eine Revolution gewonnen ist und nun naturwüchsige Gewalt durch politische Planung ersetzt werden muß, ich meine, daß in einer Situation, in der weder der eine, noch der andere Fall gegeben ist, es nur eine subjektive Anmaßung sein kann, nun für die Studenten, die in der Tat nichts anderes als Tomaten in den Händen haben können, eine Strategie vorzuschlagen, die, wenn ich Sie nicht mißverstanden habe, und nichts würde ich mit größerem Vergnügen sehen, als daß Sie mir überzeugend klar machen, daß ich Sie mißverstanden habe, und das ist nicht zuletzt der Sinn dieser Intervention, - es ist notwendig, daß dieses Mißverständnis, wenn es eins ist, aus dem Raume geschafft wird, - ich meine, in einer solchen Situation ist es eine subjektive Anmaßung, für Studenten, die nichts anderes als Tomaten in den Händen haben, eine Strategie vorzuschlagen, die, wie ich es heute schon zweimal gesagt habe, darauf angelegt ist, eine sublime Gewalt, die notwendig in Institutionen impliziert ist, manifest werden zu lassen, gleichviel, ob sie etwa zu vertreten ist oder nicht. Ich meine nur eins, daß formale Regelungen, gegen die Sie mit so viel Wärme hier zu Felde ziehen, nach den Vorstellungen, die wir bisher gemeinsam geteilt haben, materiell eingelöst, aber nicht außer Kraft gesetzt werden sollten. Ich darf noch einmal sagen, meine Intervention hat den Zweck, Sie, die Sie Herrn Dutschke nun vertreten müssen, so leid es mir tut, zu bitten, mich wirklich zu überzeugen, ob das ein Mißverständnis ist oder ob sehr wohl in dieser Strategie das impliziert ist, was ich hier zunächst hypothetisch unterstellt habe.

Benno Ohnesorg, der bei der Anti-Schah-Demonstration in West-Berlin am 2. Juni 1967 von dem Polizisten Kurras erschossen worden war, wurde am 9. Juni in Hannover beerdigt. Unmittelbar danach fand der Kongreß ›Bedingungen und Organisation des Widerstandes‹ statt, der über 7000 Teilnehmer zählte. Es kam zu einer langen politischen Diskussion über die Perspektiven der Bewegung. Hier erhob Jürgen Habermas zum ersten Mal den Vorwurf des »Linksfaschismus« gegenüber der Studentenbewegung (den er später revidierte).

Abbildung gegenüber: 1967

Keiner Partei dürfen wir vertrauen!

Selten ist es so klar gewesen wie jetzt in der Zeit nach der für Benno Ohnesorg tödlich verlaufenen Notstandsübung der Polizei, daß die Menschen, die aus tiefster demokratischer Gesinnung den terroristischen Polizeieinsatz gegen wehrlose Demonstranten ablehnen, in den etablierten Organisationen der SPD, CDU, FDP und SED (West-Berlin) nicht vertreten sind, von deren bürokratisierten »Berufspolitikern« wir keinerlei Unterstützung oder gar Interessensolidarität zu erwarten haben.

Wer hätte auch gedacht, daß Tag für Tag die Spitzen der »tragenden Organisationen« ihren Zungenschlag ändern, Schicht um Schicht die verhüllte Wahrheit herausgegraben werden muß?

Wer hätte erwartet, daß im Abgeordnetenhaus sich keine einzige Stimme der Anklage gegen einen kopflosen Senat, gegen den Mißbrauch staatlicher Gewaltinstrumente, wie Polizei, Bürokratie und Information, erheben würde?

Wer hätte sich träumen lassen, daß die gutgemeinten Versuche großer Teile der Studentenschaft, in der Bevölkerung Aufklärung über die gesellschaftliche und politische Situation der Stadt zu betreiben, sich über mehr als eine Woche hinziehen würden, daß diese Aufklärung nicht so sehr die seit Jahrzehnten falsch informierte Bevölkerung überzeugen, sondern den Solidarisierungsprozeß zwischen den Studenten verstärken würde?

Die spürbare »Veränderung« in den Stellungnahmen der bei uns Regierenden beweist, daß wir zu Recht alle »Ratschläge«, uns von unseren sogenannten »radikalen Rädelsführern« zu distanzieren, abgelehnt haben. Die Distanzierung von unseren aktivsten Vertretern in dieser grundlegenden gesellschaftlichen Auseinandersetzung zwischen den autoritären Machenschaften des Senats und unseren Forderungen nach radikaler Demokratisierung in allen Bereichen des gesellschaftlichen Zusammenlebens wäre der Anfang vom Ende unserer Bemühungen.

Der Dialog zwischen temporärer politischer Führung und tätigen Teilen der Studentenschaft ist für uns die einzige Chance, die spontane Bewußtheit anläßlich der Ermordung unseres Kommilitonen in politisch kontinuierliche Bewußtseinswachheit gegen undemokratische Gesellschaftsstrukturen zu verwandeln.

Bei völliger Ablehnung jeglicher Illusionen über unsere Möglichkeiten, die gesellschaftliche Struktur wesenhaft in Frage zu stellen, sollten wir uns dennoch darüber klar sein, daß Senat und Universitätsbürokratie weder in der Bevölkerung noch im autoritätsfixierten Lager der Universität eine aktive und *tätige* Massenbasis gegen uns haben.

Die systematisch durch Konzessionen in Unmündigkeit und Passivität gehaltenen Massen sind als Ganzheit weder von den Herrschenden noch von uns zu mobilisieren. Jedoch besteht für uns eine gewisse Chance, in den von Aussperrungen und Entlassungen bedrohten Betrieben eine konkrete Interessensolidarität zwischen Arbeitern und Studenten herzustellen, was ein geradezu entscheidender Schritt nach vorn für die Veränderung des labilen Gleichgewichts der politischen Kräfte in dieser Stadt wäre. Die etablierten Parteien spielen in dieser Auseinandersetzung eine bedeutungslose Rolle, sind sie doch nur ein Anhängsel der Senatsexekutive, der Bürokratie und der Polizei, die als die »natürlichen« Vertreter von Ordnung, Stabilität und Sicherheit die Interessen der bestehenden Ordnung wahrnehmen. Jede Bewegung von unserer Seite, die praktisch-kritisch die Notstands-Spielregeln der Exekutive nicht akzeptiert, erscheint derselben als unmittelbare Verletzung der Ordnung und Ruhe, als Angriff auf die Grundlagen des »Staates«.

Da wir zur Zeit noch keine Möglichkeit haben, den Politisierungsprozeß auf weite Teile der Bevölkerung auszudehnen, müssen wir versuchen, den erreichbaren »Minderheiten« in und außerhalb der Universität durch Aufklärung und Aktionen den Weg der Veränderung undemokratischer Strukturen konkret aufzuzeigen.

Die nach der Ermordung von Benno Ohnesorg an der Universität gegründeten *Aktionskomitees* haben sich als zeitweilig gut arbeitende Kampforgane politisch bewußter Menschen erwiesen. Sie wurden nicht von einer der vielen studentischen Gruppierungen, sondern primär durch die politische Selbsttätigkeit der aktiven Studenten getragen, wodurch die organisatorische Beschränktheit unterlaufen und die Konzentration auf die konkreten anstehenden Aktionen und Aufklärungskampagnen ermöglicht wurde.

Keine Partei in West-Berlin führt einen konsequenten Kampf für die Interessen der von den wirtschaftlichen Schwierigkeiten betroffenen Schichten der Bevölkerung, besonders die SED (West-Berlin) nicht, die alles andere wünscht, als daß West-Berlin ein Bündnis von Arbeitern und Studenten erlebt, eine Demokratisierung des gesamten öffentlichen Lebens, was beispielhafte Bedeutung für die Arbeiter und Studenten in der DDR und Ost-Berlin hätte ...

In den nächsten Wochen haben wir zu versuchen, in systematischer Kleinarbeit einen wenn auch noch so kleinen Teil der Arbeiterschaft davon zu überzeugen, daß sie weder von den Parteien noch von dem Sozialfaschisten Sickert eine wirkliche Verbesserung ihrer Situation erwarten können; daß wir, der kritische Teil der Studentenschaft, ein ernsthaftes Bündnis für die Schaffung eines West-Berlin, das sich durch politische und soziale Demokratie von unten und für unten auszeichnet, wahrhaftig wollen; daß der massive Einsatz der Polizei gegen uns gleichermaßen die Arbeiter meint, die es eventuell wagen sollten, für die Durchsetzung ihrer Interessen in einen »wilden Streik« zu treten.

Nicht zuletzt müssen wir den Arbeitern eindeutig erklären, daß unsere bisherigen Aktionen, besonders die Tomaten und Rauchbomben, noch nicht begriffen hatten, daß unsere Sorgen über den Weg der Gesellschaft, über die Versuche des Staates, unsere Unsiversität gleichzuschalten, von kritischen Studenten zu säubern, sehr eng und gar nicht trennbar mit der Sorge der Arbeiter um ihren Arbeitsplatz, mit dem allgemeinen Ende des nun doch nicht ewigen Wirtschaftswunders zusammenhängen.

Das Sich-Verweigern erfordert Guerilla-Mentalität

(Organisationsreferat auf der 22. Delegiertenkonferenz des SDS, September 1967; gemeinsam mit Hans-Jürgen Krahl)

Die beiden zentralen politischen Ereignisse, an denen sich innerhalb des Verbandes seit der letzten Delegiertenkonferenz dessen politische Aktivität dichotomisch polarisierte, waren die Bildung der Großen Koalition und der politische Mord am 2. Juni in Berlin. Erstmalig seit der Abspaltung von der SPD stellte sich die Organisationsfrage als eine aktuell-politische innerhalb des Verbandes. Je nachdem, welchem von diesen Ereignissen die politische Präponderanz zugesprochen wurde, kam es zu tendenziellen Fraktionsbildungen, die sich durch die objektive Intention auszeichneten, die theoretischen Meinungen zu praktisch-politischen Richtungskämpfen zu konkretisieren.

Deren mögliche organisatorische Konsequenz wurde etwa vom Bundesvorstand aus der Erfahrung der Protestbewegungen, besonders Jugendlicher, ebenso vage wie inhaltlich leer als »formal lockere, inhaltlich einheitliche öffentlich arbeitende Organisation« beschrieben und in Berlin unter dem Titel der Gegenuniversität und Institutsassoziationen diskutiert, während anderen Gruppen die Bildung der Großen Koalition Anlaß zum wiederholten Versuch einer Sammlungsbewegung sozialistischer Gruppen und Grüppchen bot. Darüber hinaus wurde die Aktualität der Organisationsfrage nach dem 2. Juni für einige SDS-Gruppen umso akuter, als sie ihre organisatorische Unzulänglichkeit praktisch erfahren mußten. Der noch nie dagewesenen Verbreiterung des antiautoritären Protestes nach dem 2. Juni war die überkommene, noch an der SPD orientierte Organisationsstruktur des SDS nicht gewachsen. Die Spontaneität der Bewegung droht die größten Gruppen organisatorisch zu paralysieren. Ihr politisches Verhalten erschien deshalb zum großen Teil reaktiv aufgezwungen, und Ansätze für politisch-initiative Führung waren weitgehend hilflos.

Die unmittelbar in der Gegenwart sichtbare Erscheinung des Fallens der Wachstumsraten in den wichtigsten Kennziffern ökonomischen Wachstums erklärt sich nicht oberflächlich aus bloßen Konjunkturschwankungen. Die fundamentalen Faktoren wirtschaftlichen Wachstums werden konstituiert durch die quantitative und qualitative Bestimmung der Arbeitskräftestruktur und des davon abhängigen Standes in der Entwicklung der Produktionsmittel. Das Zusammenwirken dieser beiden Elemente begründet die »objektive Trendlinie« (Janossy) der wirtschaftlichen Entwicklung. (. . .)

Auf der Grundlage einer hervorragenden Arbeitskräftestruktur in der BRD (Zustrom von Facharbeitern aus ehemaligen deutschen Ostgebieten und später aus der DDR bis zum 13. August 1961) konnte sich so ein durch amerikanisches Kapital vermittelter langer Aufstieg bis zur vollen Ausnutzung des vorhandenen Niveaus der Arbeitskräftestruktur und der von ihr in Bewegung gesetzten Produktionsmaschinerie durchsetzen. Hinzu kam, daß in der BRD der Eindruck eines Wirtschaftswunders nur entstehen konnte, »weil nicht nur die Folgen des Krieges überwunden wurden, sondern auch der zwischen zwei Weltkriegen entstandene Rückstand aufgeholt werden konnte.«

1. Im Laufe der prosperierenden Rekonstruktionsperiode mit ihren hohen Wachstumsraten wurden dem »schwachen Staat« durch den Druck politischer und sonstiger Interessenverbände hohe Subventionen abgerungen, die die herrschende Oligarchie unter den damaligen Bedingungen durchaus verkraften konnte.

2. Am Ende der Rekonstruktion, das heißt der Periode des Einlaufens in die Trendlinie, erscheinen die Subventionen als zusätzliche, meist unproduktive Ausgaben, als für die Weiterentwicklung der Ökonomie gefährliche Totgewichte, als gesellschaftliche faux frais, »tote Kosten« der kapitalistischen Produktion.

3. Das Eigengewicht der Interessenverbände innerhalb des Systems der Interessendemokratie kann in der noch pluralistischen Gesellschaft nicht wieder ohne weiteres abgebaut werden, muß aber am Ende der Rekonstruktion in den Griff bekommen werden. So tauchen die Begriffe der Rationalisierung, der Formierung und letztlich der »Konzertierten

Aktion« auf. Die verschiedenen »Reformversuche« des Systems in der jetzigen Periode sind als Versuche des Kapitals zu begreifen, sich in die veränderten Bedingungen herrschafts- und profitmäßig anzupassen.

4. Die auffälligste Erscheinung der gegenwärtigen ökonomischen Formationsperiode ist die Zunahme der staatlichen Eingriffe in den wirklichen Produktionsprozeß als Einheit von Produktion und Zirkulation. Dieser Gesamtkomplex der staatlich-gesellschaftlichen Wirtschaftsregulierung bildet ein System des Integralen Etatismus, der im Unterschied zum Staatskapitalismus auf der Grundlage der Beibehaltung der privaten Verfügung über die Produktionsmittel die Gesetze der kapitalistischen Konkurrenz ausschaltet und den ehemals naturwüchsigen Ausgleich der Profitrate durch eine staatlich-gesellschaftlich orientierte Verteilung der gesamtgesellschaftlichen Mehrwertmasse herstellt.

In dem Maße, in dem durch eine Symbiose staatlicher und industrieller Bürokratien der Staat zum gesellschaftlichen Gesamtkapitalisten wird, schließt sich die Gesellschaft zur staatlichen Gesamtkaserne zusammen, expandiert die betriebliche Arbeitsteilung tendenziell zu einer gesamtgesellschaftlichen. Der Integrale Etatismus ist die Vollendung des Monopolkapitalismus.

Außerökonomische Zwangsgewalt gewinnt im Integralen Etatismus unmittelbar ökonomische Potenz. Damit spielt sie für die gegenwärtige kapitalistische Gesellschaftsformation eine Rolle, wie seit den Tagen der ursprünglichen Akkumulation nicht mehr. Bewirkte sie in jener Phase den blutigen Expropriationsprozeß der Volksmassen, der überhaupt erst die Trennung von Lohnarbeit und Kapital herbeiführte, wird sie Marx zufolge im etablierten Konkurrenzkapitalismus kaum noch angewandt. Denn die objektive Selbstbewegung des Begriffs der Warenform, ihres Wertes, konstituiert sich in dem Maße zu den Naturgesetzen der kapitalistischen Entwicklung, als die ökonomische Gewalt im Bewußtsein der unmittelbaren Produzenten verinnerlicht wird. Die Verinnerlichung ökonomischer Gewalt erlaubt eine tendenzielle Liberalisierung staatlicher und politischer, moralischer und rechtlicher Herrschaft. Der naturwüchsig produzierte Krisenzusammenhang der kapitalistischen Entwicklung problematisiert in der Aktualität der Krise die Verinnerlichung ökonomischer Gewalt, die in der Deutung der materialistischen Theorie zwei Lösungen kennt. Die Krise ermöglicht einerseits die Möglichkeit zu proletarischem Klassenbewußtsein und dessen Organisierung zur materiellen Gegengewalt in der autonomen Aktion der sich selbst befreienden Arbeiterklasse. Andererseits nötigt sie objektiv die Bourgeoisie im Interesse von deren ökonomischer Verfügungsgewalt zum Rückgriff auf die physisch terroristische Zwangsgewalt des Staates.

Der Ausweg des Kapitalismus aus der Weltwirtschaftskrise im Jahre 1929 beruhte auf der Fixierung an die terroristische Machtstruktur des faschistischen Staates. Nach 1945 wurde diese außerökonomische Zwangsgewalt keineswegs abgebaut, sondern in totalitärem Ausmaß psychisch umgesetzt.

Diese Verinnerlichung beinhaltet den Verzicht auf manifeste Unterdrückung nach innen und war konstitutiv für den Scheinliberalismus und Scheinparlamentarismus, allerdings um den Preis der antikommunistischen Projektion eines absoluten Außenfeindes.

Die aus einer veränderten internationalen Konstellation entstandene »Entspannungspolitik« der BRD half mit, besonders am Ende der Rekonstruktionsperiode den Zersetzungsprozeß des militanten Antikommunismus zu forcieren. Die manipulativ verinnerlichte außerökonomische Zwangsgewalt konstituiert eine neue Qualität von Naturwüchsigkeit des kapitalistischen Systems. Allerdings wäre ein Eingriff in die Naturgesetze der kapitalistischen Entwicklung nur sinnvoll denkbar, wenn sie den objektiven Verwertungsprozeß des Kapitals strukturell veränderte. Ohne diese Annahme würde die Kritik des Systems der Manipulation bloße Kulturkritik bleiben und die Eindimensionalisierung aller Bereiche der Gesellschaft, nämlich die Einebnung der wissenschaftlichen Differenzen von Überbau und Basis, Staat und Gesellschaft akzidentell bleiben. Sie erfährt erst ihre ökonomiekritische, materialistische Darstellung, wenn das Verhältnis von Wert und Tauschwert, Produktions- und Zirkulationssphäre selbst in die globale Eindimensionalisierung der Gesellschaft einbezogen wird. Die Frage war also:

Wie paßt der Überbau, außerökonomische Gewalt von Staat, Recht etc. als ein institutionelles System von Manipulation in die Substanz der Warenproduktion, die abstrakte Arbeit selbst ein? Abstrakte Arbeit, die Substanz des Wertes, bezeichnet das arbeitsteilige Produktionsverhältnis von isoliert privat arbeitenden Individuen. Auf Grund deren Isolation in der Produktion sind sie gezwungen, ihre Produkte auf dem Markt als Waren zu verkaufen, d. h. der gesellschaftliche Verkehr der Produzenten untereinander stellt sich nicht in der Produktion selbst her, sondern in der Zirkulationssphäre.

Mit der Entwicklung zum Monopolkapitalismus zeichnet sich die Tendenz einer fortschreitenden Liquidation der Zirkulationssphäre ab, wodurch die Möglichkeit einer Aufhebung abstrakter Arbeit bezeichnet wird. Dies deutet Marx mit der Analyse der Aktiengesellschaft an, wenn er diese als Gesellschaftskapital unmittelbar assoziierter Individuen bezeichnet. Außerökonomische Zwangsgewalt, Staat und andere Überbauphänomene greifen derart in die Warenzirkulation ein, daß die abstrakte Arbeit durch ein gigantisches institutionelles Manipulationssystem artifiziell reproduziert wird.

Ebenso greift sie in die Warenproduktion der Ware Arbeitskraft ein. Wenn der technische Fortschritt der Maschine zwar potentiell die Arbeit abschafft, aber faktisch die Arbeiter abschafft und eine Situation eintritt, in der die Herrschenden die Massen ernähren müssen, wird die Arbeitskraft als Ware tendenziell ersetzt. Die Lohnabhängigen können sich nicht einmal mehr verdingen, die Arbeitslosen verfügen nicht einmal mehr über ihre Arbeitskraft als Ware. Daß am Ende der Rekonstruktion die strukturelle Arbeitslosigkeit nicht mehr im Zusammenhang mit der Funktionsbestimmung der Reservearmee analysierbar ist, ist Indiz dafür. Diese Tendenz ist begreifbar nur im Rahmen der durch den technischen Fortschritt zur Automation bewirkten Konstellationsveränderung im Verhältnis von toter und lebendiger Arbeit. Wie Karl Korsch und Herbert Marcuse mit Bezug auf Marx andeuteten, bewirkt diese Konstellationsveränderung, daß nicht mehr das Wertgesetz, die objektiv sich durchsetzende Arbeitszeit, den Wertmaßstab abgibt, sondern die Totalität des Maschinenwesens selber.

Diese Hypothesen lassen grundsätzliche Folgerungen für die Strategie revolutionärer Aktionen zu. Durch die globale Eindimensionalisierung aller ökonomischen und sozialen Differenzen ist die damals praktisch berechtigte und marxistisch richtige Anarchismuskritik, die des voluntaristischen Subjektivismus, daß Bakunin sich hier auf den revolutionären Willen allein verlasse und die ökonomische Notwendigkeit außer acht lasse, heute überholt.

Wenn die Struktur des Integralen Etatismus durch alle seine institutionellen Vermittlungen hindurch ein gigantisches System von Manipulation darstellt, so stellt dieses eine neue Qualität von Leiden der Massen her, die nicht mehr aus sich heraus fähig sind, sich zu empören. Die Selbstorganisation ihrer Interessen, Bedürfnisse, Wünsche ist damit geschichtlich unmöglich geworden. Sie erfassen die soziale Wirklichkeit nur noch durch die von ihnen verinnerlichten Schemata des Herrschaftssystems selbst. Die Möglichkeit zu qualitativer, politischer Erfahrung ist auf ein Minimum reduziert worden. Die revolutionären Bewußtseinsgruppen, die auf der Grundlage ihrer spezifischen Stellung im Institutionswesen eine Ebene von aufklärenden Gegensignalen durch sinnlich manifeste Aktion produzieren können, benutzen eine Methode politischen Kampfes, die sie von den traditionellen Formen politischer Auseinandersetzung prinzipiell unterscheidet.

Die Agitation in der Aktion, die sinnliche Erfahrung der organisierten Einzelkämpfer in der Auseinandersetzung mit der staatlichen Exekutivgewalt bilden die mobilisierenden Faktoren in der Verbreiterung der radikalen Opposition und ermöglichen tendenziell einen Bewußtseinsprozeß für agierende Minderheiten innerhalb der passiven und leidenden Massen, denen durch sichtbar irreguläre Aktionen die abstrakte Gewalt des Systems zur sinnlichen Gewißheit werden kann. Die »Propaganda der Schüsse« (Che) in der »Dritten Welt« muß durch die »Propaganda der Tat« in den Metropolen vervollständigt werden, welche eine Urbanisierung ruraler Guerilla-Tätigkeit geschichtlich möglich macht. Der städtische Guerillero ist der Organisator schlechthinniger Irregularität als Destruktion des Systems der repressiven Institutionen.

Die Universität bildet seine Sicherheitszone, genauer gesagt, seine soziale Basis, in der er und von der er den Kampf gegen die Institutionen, den Kampf um den Mensagroschen und um die Macht im Staate organisiert.

Hat das alles etwas mit dem SDS zu tun? Wir wissen sehr genau, daß es viele Genossinnen und Genossen im Verband gibt, die nicht mehr bereit sind, abstrakten Sozialismus, der nichts mit der eigenen Lebenstätigkeit zu tun hat, als politische Haltung zu akzeptieren. Die persönlichen Voraussetzungen für eine andere organisatorische Gestalt der Zusammenarbeit in den SDS-Gruppen sind vorhanden. Das Sich-Verweigern in den eigenen Institutionsmilieus erfordert Guerilla-Mentalität, sollen nicht Integration und Zynismus die nächste Station sein.

Die bisherige Struktur des SDS war orientiert am revisionistischen Modell der bürgerlichen Mitgliederparteien. Der Vorstand erfaßt bürokratisch die zahlenden Mitglieder unter sich, die ein bloß abstraktes Bekenntnis zu den Zielen ihrer Organisation ablegen müssen. Andererseits vermochte der SDS die perfekte Verwaltungsfunktion revisionistischer Mitgliederparteien nicht voll zu übernehmen, da er ein nur teilbürokratisierter Verband ist, ein organisatorischer Zwitter. Demgegenüber stellt sich heute das Problem der Organisation als Problem revolutionärer Existenz.

Dieser Text, gemeinsam mit Hans-Jürgen Krahl verfaßt und von Rudi Dutschke am 5. September 1967 auf der 22. Delegiertenkonferenz des SDS in der Frankfurter Mensa vorgetragen, löste sofort heftige Kontroversen innerhalb der Organisation aus: er war ein wichtiger Beitrag zur Ablösung der Antiautoritären von dem traditionalistischen SDS-Flügel (der in der KPD-Tradition stand). - Die Janossy-Zitate stammen aus dessen Buch ›Das Ende der Wirtschaftswunder‹ (Verlag Neue Kritik, Frankfurt/Main o. J.), das damals erst in Manuskriptform vorlag. - Das Manuskript der Rede ist verloren, der abgedruckte Text basiert auf einer Tonbandabschrift; einige kurze unverständliche Passagen sind ausgelassen.

Besetzt Bonn!

Die bestehende gesellschaftliche Struktur der Bundesrepublik und West-Berlins läßt sich als ein System der Interessendemokratie charakterisieren. Die daran beteiligten Gruppen »streiten« sich nur noch um den Anteil am Bruttosozialprodukt, die irrationalen Voraussetzungen und Praktiken der staatlichen Gewaltmaschinerie und des gesamtgesellschaftlichen Lebens werden nicht zum Gegenstand der politischen Auseinandersetzung.

1918/19 erkämpften unsere Arbeiter- und Soldatenräte in der unvollendeten deutschen Revolution schon den Achtstundentag.

Heute, nach 50 Jahren schier unvorstellbarer Entfaltung der Produktivkräfte und damit der Produktivität der Arbeit, arbeiten die Lohnabhängigen lumpige 4-5 Stunden pro Woche weniger.

Seit Jahrzehnten indoktrinieren unsere »Herren an der Spitze« die Menschen mit dem Feindmythos. Die gesellschaftlich notwendige Lüge von der kommunistischen Subversionstätigkeit in den »freien« Ländern dient als Rechtfertigung, um die den Frieden gefährdende, die kapitalistische Wirtschaft aber stabilisierende Rüstungsindustrie und die Bundeswehr aufrechtzuerhalten, dient der Verhüllung der wirklichen Funktion der Notstandsgesetze: innenpolitische Strukturveränderungen a priori auszuschalten.

Seitdem jedoch der antikommunistische Feindmythos immer weniger aufrechterhalten werden kann, die Zusammenarbeit zwischen Moskau und Washington hat hierzu unter anderem beigetragen, seitdem sogar Adenauer, Barzel und andere bürokratische Charaktermasken der Sowjetunion einen »friedlichen Charakter« konzedierten, sollte die Funktion der Bundeswehr, der Freiwilligen Polizeireserve in West-Berlin, der Notstandsgesetze etc. noch klarer gesehen werden können: der Feind, gegen den täglich das ganze System mobilisiert wird, ist die reale Möglichkeit, die bestehende Ordnung abzuschaffen, ist die Möglichkeit, überflüssige Herrschaft zu beseitigen, d. h. die nur aus Herrschafts- und Profitinteressen hohe Arbeitszeit auf ein dem hohen Stand der Entwicklung der Produktivkräfte entsprechendes Minimum zu reduzieren, ist die Möglichkeit, die irrationale Rüstung, die künstliche Bürokratenzucht, die funktionale Kapital- und Gütervernichtung abzuschaffen.

Am Ende des sogenannten Wirtschaftswunders fällt es unseren bürokratischen Oligarchien immer schwerer, diese aktuelle Möglichkeit der Befreiung vollständig aus der »Öffentlichkeit« zu verdrängen.

Durch Konzessionen wie Erhöhung des Arbeitslosengeldes, durch Schillersche Reime über die kommende Konjunktur, durch gelenkte Krisenpsychose, durch circensisch inszenierte Schauspiele wie Staatsbesuche und Trauerfeierlichkeiten werden die Massen noch bei der Stange gehalten.

Hinzu kommt, daß es dem System gelungen ist, durch langjährige funktionale Manipulation die Menschen auf die Reaktionsweise von Lurchen zu regredieren. Wie Pawlowsche Hunde reagieren sie auf die Signale der Mächtigen; in jedem vierten Jahr dürfen sie den Nachweis ihrer geistigen Reduziertheit und Unmündigkeit ablegen. Nur wenige, besonders die privilegierten Studenten, haben eine Chance, die subtilen Herrschaftsmechanismen zu durchschauen, an ihrer Beseitigung zu arbeiten.

Die wesentlichen Träger der Manipulation und Anpassung der Menschen sind die Massenmedien, Zeitungen, Rundfunk und Fernsehen.

In der Bundesrepublik und besonders in West-Berlin beherrscht der Springer-Konzern die Massenzeitungen, die noch immer bedeutendste Indoktrinierungsebene. Er entfaltet seit langer Zeit im Interesse der bestehenden Ordnung eine planmäßige Verhetzung aller Kräfte, die das Freund-Feind-Schema der Meinungsmacher nicht akzeptieren wollen!

Infolge der Politisierung einer relativ breiten studentischen Minderheit (4000 bis 6000 im antiautoritären Lager) ist in West-Berlin eine für das System bedrohliche Situation entstanden: durch die Vereinigung von Teilen der Lohnabhängigen in den Fabriken mit diesem Lager innerhalb der Studentenschaft könnte der Senat, genauer die gesellschaftliche Struktur »gekippt« (Albertz) werden.

Haupthindernis ist die Tyrannei der Manipulation und ihrer Produzenten. Diese Beherrschung muß durchbrochen werden - wenn auch vorerst nur für einen oder mehrere Tage.

Wir werden in einem Pressetribunal den empirischen Nachweis führen, daß die Volksverhetzung und Entmündigung der Menschen durch Manipulation bei uns die Ergänzung zum Völkermord in Vietnam, zur gewaltsamen Niederschlagung aller sozialrevolutionären Bewegungen in der Dritten Welt darstellt.

Dann haben wir das Recht und die Pflicht, die antidemokratische Tätigkeit der Manipulateure direkt anzugreifen! - Oder werden vielleicht unsere »Repräsentanten« dieses »Geschäft« erledigen, progressiven Selbstmord begehen?

Wir werden uns darauf nicht verlassen. Durch »betriebsnahe Bildungsarbeit«, durch direkte Lohnarbeit von oppositionellen Studenten in Betrieben, durch gemeinsame Großveranstaltungen zwischen bestimmten Industriegewerkschaften und studentischer Opposition wird die faktische Entfremdung zwischen Lohnabhängigen und Studenten nicht überwunden, aber als Gefahr für beide Seiten möglicherweise begriffen werden.

Die hoffentlich »freiwillige« Stillegung der Springerschen Rotationsmaschinen würde einen historisch einzigartigen Modellfall abgeben: Wie werden »demokratische Urzeitungen«, von der Opposition gegen das System finanziert und publiziert, von den Massen aufgenommen werden?

Der tägliche Gang zum »Bild«- oder »BZ«-Kiosk gehört zur Lebensweise des verwalteten Individuums. Was wird es tun, wenn die Zeitungen nicht vorhanden sind? Wird es gewaltsam gegen uns reagieren, weil wir ein wichtiges Moment seines Lebens gefährden? Oder wird es in eine »traumatische Leere« (Marcuse) fallen, sich anfangen zu wundern, eine Welt jenseits der bestehenden denken lernen können?

Die Parole der Enteignung des Springer-Konzerns wird nur dann gesellschaftlich wichtig, wenn es gelingt, breite Teile der Lohnabhängigen und des antiautoritären Teils der Studentenschaft organisatorisch und politisch in Aktionen zu vereinigen. Das ist die Aufgabe der ganzen vor uns liegenden Periode, ist nicht kurzfristiges Resultat.

Dazu gehören auch direkte Aktionen gegen die Notstandsgesetze. Diskutierende Kongresse und konzessionierte Demonstrationen in politisch-strategisch unwichtigen Städten bringen uns keinen Schritt weiter.

Am Tage der zweiten Lesung der Notstandsgesetze sollte Bonn eine »Besetzung« durch Notstandsgegner erleben! Ein »Go-In« des bewußtesten Teils der Bevölkerung ins Parlament brächte vielleicht für Stunden real-demokratischen Geist in die formalisierte und bürokratisierte Akklamationsmaschine der Regierung.

Allein solche Offensivaktionen ermöglichen es uns, weitere Minderheiten innerhalb und außerhalb der Universität gegen das System zu mobilisieren. Der theoretische Lernprozeß durch Aufklärung wird zum repressiven Konsum, wenn er den Weg zur praktischen Aktion nicht findet.

Die Aktionen gegen den Springer-Konzern und die Notstandsgesetze treffen zentrale Nervenpunkte: die funktionale Beherrschung der Menschen durch Manipulation und angedrohte (potentielle) direkte Repression.

An ihnen kann die Irrationalität und Unmenschlichkeit des Systems nachgewiesen werden. Die kritische Vernunft und das emanzipatorische Interesse der radikalen Opposition haben sich in diesen Aktionen zu bewähren. Die Enteignung des Springer-Konzerns unter den bestehenden gesellschaftlichen Bedingungen scheint uns weder wahrscheinlich noch besonders »fortschrittlich« zu sein, es sei denn, daß wir die »Verbesserung der Gefängniszellen« als geschichtlichen Fortschritt begriffen.

So bleibt die Voraussetzung einer befreienden Vergesellschaftung der wichtigsten Bereiche des gesellschaftlichen Lebens die durch Aufklärung und Aktionen gegen das System vermittelte tendenzielle Loslösung der Lohnabhängigen vom staatlich-gesellschaftlichen Apparat.

Denn die Befreiung der Lohnabhängigen kann nur durch ihre praktisch-umwälzende Bewußtwerdung geschehen, nicht durch eine Partei, eine Bürokratie oder durch ein Parlament.

Karl Schiller: damals Wirtschaftsminister in der Großen Koalition.

Vom ABC-Schützen zum Agenten

(Rudi Dutschke antwortet Rudolf Augstein)

Die »Große Koalition« als der letzte verzweifelte Versuch der herrschenden Oligarchien, die strukturellen Schwierigkeiten des Systems zu »lösen«, stößt immer deutlicher auf objektive Schranken. Sie muß die Strukturkrise subventionistisch verschleppen (s. Subventionsbericht), bereitet damit in einem langfristigen Sinne tiefere Widersprüche vor. Wir können sie begreifen als die neue *Ordnungspartei,* deren direktes Geschäft es ist, die lohnabhängigen Massen in Unmündigkeit zu halten, um auf sie die Kosten der Strukturkrise abzuwälzen. Marx spricht in seinen Entwürfen zum »Bürgerkrieg in Frankreich« von den Aufgaben einer solchen Form der Klassenherrschaft und sagt, daß »ihr einziger raison d'être die Verhinderung der Emanzipation der produzierenden Massen« ist. Für ihn ist diese Form die »abscheulichste aller politischen Regimes«. Solch ein Kartell zum Zwecke der gemeinsamen Niederhaltung der Massen haben wir heute in der Bundesrepublik. In ihm vereinigen sich alle Fraktionen des Gesamtapparats, die ehemaligen Faschisten und bestimmte Sorten von Widerstandskämpfern, umarmen sich die liberale Bourgeoisie, die Vertreter der Monopole, die Arbeiterverräter aus den Gewerkschaften, die Sickert und Co., richten sich die Manipulationszentren, die Augstein und Springer ein. Zusammen bilden sie die »anonyme Aktienkompanie«, den subtilen und - wenn nötig - manifesten Terrorismus der Klassenherrschaft des Spätkapitalismus.

Dieser widersprüchliche, aber dennoch objektiv einheitliche Gesamtapparat mobilisiert Tag für Tag eine Gesamtheit von Signalen, die die Idee und Praxis der Befreiung von Kapitalismus, zusätzlicher Herrschaft und gesellschaftlich vermittelter Unmündigkeit der lohnabhängigen Massen bekämpfen, denunzieren und vereinnahmen sollen. Nichts soll außerhalb des Apparats bleiben, alles will er sich aneignen, kontinuierliche Gegensignale mit aufklärerischen Inhalten werden zu Recht als Moment der direkten Bedrohung des Systems begriffen.

So erfüllen der »Spiegel« und sein Herausgeber in der Nr. 51 wieder einmal - besonders sichtbar - gesamtgesellschaftliche Aufgaben der Repression: in der totalen Personalisierung *gesellschaftlicher* Konflikte (auf Rudi Dutschke:), in der »wohlwollenden« Ignoranz bei der Rezeption theoretischer Ansätze und in der süffisanten Darstellungsweise des Kampfes zwischen Revolution und Konterrevolution helfen sie mit bei dem Versuch des Systems, die Widersprüche zu verschleiern, die ersten Formen einer radikalen Opposition gegen Manipulation und Ausbeutung von allen Seiten systematisch zu bekämpfen.

In der scheinbaren Ablehnung der Politik der herrschenden Oligarchien gewinnt Augstein den Spielraum, sich einzuschalten in die politisch-strategische Diskussion der außerparlamentarischen Opposition, zu der er nicht gehört. Er versucht, die Struktur des kapitalistischen Systems von einem pseudokritischen Standpunkt als die einzig mögliche zu verteidigen, nimmt immer deutlicher die Interessen der staatlich-gesellschaftlichen Bürokratie und der Monopole wahr, denen die Angst vor der revolutionären Sozialisierung, die die bewußte Herrschaft der Produzenten über die Produktionsmittel herstellen wird, schon jetzt in den Knochen sitzt.

Augstein soll sich nicht einbilden, daß er wegen der »lumpigen« 5000 DM, die wir von ihm erhielten, von uns Rücksichten zu erwarten hat. Auch wenn er oder andere uns Hunderttausende zum Aufbau eigener Kindergärten, Schulen, Institute und Universitäten gäben - was uns einen unglaublich qualitativen Schritt voranbrächte -, ist die politisch-strategische Diskussion über den Transformationsprozeß des Systems Angelegenheit der um ihre Emanzipation kämpfenden Gruppen, Schichten und Fraktionen des antiautoritären Lagers und der lohnabhängigen Massen.

Augstein ist für mich kein Diskussionspartner über »mein Verhältnis zum SDS«. In der Konstruktion von Gegensätzen und Widersprüchen ist nichts als ein nicht einmal besonders subtiles Manöver einer Fraktion des Apparats zu sehen, den SDS von außen zu beeinflussen, seine wachsende radikale Effektivität zu beeinträchtigen.

Wer unseren sozialistischen Verband nur einigermaßen kennt, weiß, daß seine dezentralisierte Struktur, die mit der schöpferischen Selbsttätigkeit von unten steht und fällt, weder einen »Chefideologen« noch »eine Linie« im parteizentralistischen Sinne gebrauchen kann. Die Herausbildung einer kollektiven temporären Führung in den verschiedenen Gruppen, die durch Kritik und Selbstkritik vorangetrieben wird, ist eine organisatorische Antwort gegen den Versuch der manipulativen Personalisierung. Wir arbeiten in einer gefährlichen Übergangsperiode, in der die Herrschenden schon zeigen, daß sie in einem geeigneten Moment nicht davor zurückschrecken werden, unsere Organisation zu verbieten. Zwar scheint vielen von uns sicher, daß wir dann in sehr kurzer Zeit einen neuen Dachverband, und zwar auf erweiterter Stufenleiter, finden. Dennoch ist die jetzige Periode schwierig, weil es uns noch nicht gelang, die Fraktionen der lohnabhängigen Massen, die in den nächsten Jahren die Kosten der Strukturkrise tragen müssen, in den antikapitalistischen Kampf wirksam zu integrieren.

Die Politisierung der temporär »schwächsten Glieder« des Systems, von der Universität über die Schulen und Berufsschulen bis hinein schließlich in spezifische Betriebe, in einem nichtmechanischen, sondern höchst widersprüchlichen *»langen Marsch«*, hat begonnen. Keine Form der Repression kann die Tausende von Menschen, die schon heute gegen das kapitalistische System arbeiten, daran hindern, auch in der nächsten Periode ihren emanzipierenden Kampf fortzusetzen.

Herrn Augsteins Begriff von Politik *kann* uns nicht verstehen, er treibt Westentaschen-Leninismus in Augstein-Format, sozialdemokratische Realpolitik mit klassischen machtpolitischen Implikationen.

Engels definierte u. a. unseren Politikbegriff: »Die *Revolution* ist der höchste Akt der Politik, und wer sie will, muß auch die Mittel wollen, die die Revolution vorbereiten, die Arbeiter für sie erziehen und sorgen, daß er nicht am nächsten Tage von Favre und Pyat geprellt wird.« In der Tat, die tägliche »Realpolitik« ist für uns nur ein zu verwertendes Abfallprodukt der langfristigen Anstrengung, die bewußtseinsmäßigen, die materiellen und organisatorischen Voraussetzungen für eine gesamtgesellschaftliche Umwälzung zu schaffen.

Es ist wahr, der SDS hat keine Zeitung, keine Gegen-Manipulationsmaschine. Dennoch existieren vielfältige Keime einer demokratischen Gegenpresse, überall schießen Schülerzeitungen aus dem Boden, überregionale Berufsschülerzeitungen erscheinen schon, Betriebs- und Branchenzeitungen werden vorbereitet, sozialistische Gruppen in und außerhalb der Uni haben ihre Zeitschriften. Die verschiedenen Formen der Selbstorganisation und des Widerstandes sind noch nicht koordiniert. Darüber diskutieren die revolutionären Sozialisten in der BRD und in West-Berlin. Clubs, Zirkel und Aktionszentren sind erste vorläufige Antworten. Der Stand der praktisch-kritischen Bewegung bestimmt in letzter Konsequenz den Reifegrad der theoretischen und organisatorischen »Lösungen«.

Herr Augstein will schließlich nicht begreifen, daß unter den Bedingungen der organisierten Repression in nationaler und internationaler Form eine gesellschaftliche Umwälzung als »Diktatur einer Minderheit« historisch unmöglich geworden ist. Eine unglaublich kleine Minderheit beherrscht die *jetzigen* »Schlüsselstellungen« in dieser Gesellschaft, oder redet Augstein noch von der faktischen »Demokratie« in der BRD als einer Herrschaft des Volkes?

Rosa Luxemburg schließt ihr Spartakusprogramm mit der unzweideutigen Aussage: »Der Sieg des Spartakusbundes steht nicht am Anfang, sondern am Ende der Revolution; er ist identisch mit dem Siege der großen Millionenmassen des sozialistischen Proletariats.« Unter unseren neuen historischen Bedingungen bleibt das bewußte Eingreifen der Massen in den historischen Prozeß, die demokratisch-revolutionäre Massenhaftigkeit der Umwälzung, weiterhin das entscheidende Kriterium einer neuen Stufe des menschlichen Daseins.

Bisher konnte ich mich auf meine Beine und Fäuste verlassen . . .

(Aus dem Tagebuch, Januar 1968)

Brief von Wolf Biermann, von Emma überbracht. Sehr solidarischen, und mich in einem gewissen Sinne warnend vor eventuellen Anschlägen der Rechten gegen mich. Scheint mir übertrieben zu sein, bisher konnte ich mich auf meine Beine und Fäuste, vom Maul ganz zu schweigen, verlassen.

Der Brief macht blitzartig die reale Opposition in der DDR deutlich. Freilich: in der Vietnam- und in der Anti-Springer-Kampagne sind wir vom SDS mit der SED einig, ohne jemals die grundlegend verschiedene Sozialismus-Position zu verschweigen oder in dieser Frage zurückhaltend zu sein.

Die Denunziationen in der Presse nehmen schwer zu, schießen von allen möglichen Seiten. Laufend mit Gegendarstellungen zu reagieren ist hoffnungslos; wir haben was anderes zu tun. Wir werden den Vietnam-Kongreß zu einer internationalen Manifestation der Solidarität mit einem bebombten und kämpfenden Volk machen.

Die geschichtlichen Bedingungen für den internationalen Emanzipationskampf

(Rede auf dem Internationalen Vietnam-Kongreß in West-Berlin, Februar 1968)

Jede radikale Opposition gegen das bestehende System, das uns mit allen Mitteln daran hindern will, Verhältnisse einzuführen, unter denen die Menschen ein schöpferisches Leben ohne Krieg, Hunger und repressive Arbeit führen können, muß heute notwendigerweise global sein. Diese Globalisierung der revolutionären Kräfte ist die wichtigste Aufgabe der ganzen historischen Periode, in der wir heute leben und in der wir an der menschlichen Emanzipation arbeiten.

Die Unterprivilegierten in der ganzen Welt stellen die realgeschichtliche Massenbasis der Befreiungsbewegungen dar; darin allein liegt der subversiv-sprengende Charakter der internationalen Revolution.

Die Dritte Welt als die Gesamtheit der unter dem Terrorismus des von den »giant-corporations« bestimmten Weltmarktmechanismus leidenden Völker, deren Entwicklung vom Imperialismus verhindert wurde, hat in den 40er Jahren mit diesem Kampf begonnen, schon ganz unter dem Eindruck und der Erfahrung der ersten »verratenen« (Trotzki) »proletarischen Revolution« in der Sowjetunion. Entscheidender Unterschied: Die Massenhaftigkeit und die Dauer des revolutionären Prozesses, der auch in der Theorie schon als ein permanenter begriffen wurde.

In den 50er Jahren erkämpften wirkliche sozial-ökonomische Unabhängigkeit allein die chinesischen Massen, die den Sprung vom Reich der imperialistischen Exploitation ins Reich der sozialistischen Armut durchsetzen konnten. Die sozialistische Armut wurde der Ausgangspunkt einer wirklichen Bedürfnisbefriedigung der Massen Chinas.

In den anderen Ländern aber füllte sich die Formel der Unabhängigkeit der kolonialen Gebiete jedoch sehr bald mit dem unveränderten Inhalt von politischer Abhängigkeit und ökonomischer Ausbeutung.

Der durch den Krieg geschwächte Kapitalismus benötigte für seine Rekonstruktionsperiode große Kapitalmassen: »In den Jahren 1945 bis 1951 wurden die englischen Kolonien unter unzähligen Vorwänden gezwungen, nicht weniger als eine Milliarde Pfund als Sterling-Balance zu akkumulieren . . . diese Milliarde konstituierte den kolonialen Kapitalexport nach England« (P. Baran, Politische Ökonomie des Wachstums). Die Kolonien bzw. die neuen unabhängigen Länder der Dritten Welt, die Milliardensummen für den Aufbau, den kurzfristigen Aufbau einer die Bedürfnisse der Massen befriedigenden Industrie benötigt hätten, blieben ausgebeutet unter den von den »giant-corporations« wesentlich mitbestimmten »Naturgesetzen« des Weltmarktes, der die Preise für die meisten Rohstoffe fallen ließ. Die durch starken Bevölkerungszuwachs in diesen Ländern forcierte Elendssituation führte immer häufiger zu gewaltsamen Aufständen: »Die USA sind heute unentrinnbar in diese schweren Kämpfe - China, Korea, Japan, Malaysia (Philippinen, Holländisch-Indonesien, British-Malaya, Französisch-Indochina), in Siam, Burma und Indien - verstrickt und werden in naher Zukunft noch tiefer in sie verstrickt sein. Zweifellos werden sie auch Positionen beziehen und ihre eigene charakteristische Variante dieser neuen Form des Imperialismus entwickeln müssen« (K. Korsch, in: Alternative, April 1965, Seite 88).

Die neue Form des Imperialismus zeichnet sich dadurch aus, daß sie sich auf »befreundete Regierungen, Marionetten, Quislinge und alle möglichen Arten von Kollaborateuren einschließlich gewisser Sorten sogenannter Widerstandsbewegungen stützt« (K. Korsch, ibd., S. 88).

Das Besondere dieser neuen Form des Imperialismus ist, daß er nicht mehr primär ökonomisch zu verstehen ist. Sicherlich, die billigen Rohstoffe sind auch heute noch wichtig und lohnend, sie stellen aber nicht mehr den Mittelpunkt der Erscheinung des Imperialismus dar. Das *Herrschaftsinteresse* bestimmt immer deutlicher das *Profitinteresse;* der Primat der Politik über die Ökonomie wird integraler Bestandteil der Globalstrategie der Konterrevolution.

Im niedergehenden Kapitalismus, seit dem Ende des 1. Weltkrieges, seit der Errichtung der Diktatur des Proletariats in der Gestalt der Diktatur der Avantgarde in der SU, beginnt die Bedeutung des *Kapitalexports* wesentlich zu sinken. In dieser Zeit schwerster ökonomischer und politischer Krisen wurde Geldkapital nur mit größter Vorsicht ausgeliehen und angelegt. Insbesondere konnten die Länder, die die Rüstungsausgaben schon maximal gesteigert hatten, die Kapitalüberschüsse immer weniger zum Kapitalexport verwenden, weil diese gerade durch den Wiederaufbau und durch die Vorbereitungen für einen modernen Krieg aufgezehrt wurden. Neben den Kapitalexport trat daher in den 20er und 30er Jahren erneut die systematische Ausbeutung fremder *Rohstoff- und Kraftstoffquellen* auf erweiterter Stufe. Die moderne Kriegsindustrie verschlang riesige Rohstoffbestände, verschärft noch durch die wachsende Kriegsgefahr.

Außenpolitische Friktionen zwischen den Staaten verlangten *»strategische Vorkehrungen«*, um dem potentiellen Feind zuvorzukommen, neue Territorien zu gewinnen, strategisch wichtige Punkte zu besetzen, um im Falle des Krieges eine bessere Ausgangslage zu haben. Hier herrschte die Logik der Kriegsmaschine. Wettrüsten und militärische Auseinandersetzungen waren die ganz »normalen Folgen« einer solchen Entwicklung, die sich in ähnlicher Form nach dem 2. Weltkrieg wiederholte. Insofern haben wir nach dem 2. Weltkrieg schon auf der Grundlage der permanenten Krise des Systems begonnen, sie war bei uns weder aufgehoben noch schon als solche sichtbar.

Sinnlich sichtbar war sie nur für die Dritte Welt: »Allein in den letzten acht Jahren gab es nicht weniger als 164 international relevante Ausbrüche von Gewalt . . . Das außerordentliche daran ist, daß es sich nur bei 15 von diesen 164 ernsten Gewaltausbrüchen um militärische Konflikte zwischen zwei Staaten handelte. Und bei keinem der 164 Konflikte ist formell der Krieg erklärt worden . . .

Zu Beginn des Jahres 1958 waren 23 Aufstände in der Welt im Gange. Am 1. Februar 1966 gab es 40. Weiter: Die Gesamtzahl der Aufstände ist Jahr für Jahr gestiegen. 1958 waren es 34, 1965 waren es 58. Aber das Entscheidendste von allem ist, daß immer eine direkte und konstante Beziehung zwischen den Ereignissen der Gewalt und dem ökonomischen Status der davon betroffenen Länder bestand. Der ökonomische Abstand zwischen den armen und reichen Ländern wird immer größer. Um 1970 wird ... diese hungernde Hälfte der Menschheit nur über ein Sechstel aller Dienstleistungen und Güter verfügen« (McNamara 1966).

Hier müssen wir begreifen, worum es geht: Es geht um die Aufrechterhaltung der amerikanischen Einflußsphären in bestimmten Teilen der Welt, es geht um die Weltvormachtstellung der Vereinigten Staaten in diesem Gebiet.

Der Imperialismus als Gesamtsystem ist total auf dem Rückzug. Er organisiert weltweite Rückzugsgefechte, die auf jede Legitimationsbasis, und sei es die des Antikommunismus, verzichten. Ihre einzige Legitimation - und die hat in der Tat Realitätscharakter - ist die blanke und brutale Macht, die der US-Imperialismus Tag für Tag an allen Ecken der Welt anwenden muß, um die sozialrevolutionären Bewegungen zu zerschlagen oder sie in Grenzen zu halten.

Der deutsche Imperialismus hat durch seine Niederlagen im 1. und 2. Weltkrieg entscheidenden ökonomischen, politischen und ideologischen Boden verloren. Dem entsprach in widersprüchlicher Form der Zersetzungsprozeß der revolutionären Tendenzen der deutschen und internationalen Arbeiterbewegung. In der falschen Alternative Kapitalismus (freie Welt) und »Stalinismus« (die die Sozialdemokraten in der BRD nicht als falsche erkannten) erfolgte die systematische und langanhaltende Integration der lohnabhängigen Massen in das System von Konzessionen, welches gerade den Spätkapitalismus auszeichnet.

Die langandauernde Hochkonjunktur wurde - sogar von Sozialisten - als Zeichen der mehr oder weniger widerspruchslosen Qualität des stabilisierten Kapitalismus falsch verstanden.

Der revolutionäre deutsche Sozialismus verschwand historisch von der politischen Bühne, um erst nach ca. 20 Jahren in einzelnen Abteilungen der Studentenschaft, einzelnen Fraktionen der Lohnabhängigen in Industrie und Verwaltung und in Gruppen von Schülern wieder geschichtliche Realität zu werden.

Die marxistische Theorie individualisierte sich, verlor

damit ihren praktisch-kritischen, ihren wirklich subversiven Kern. Die Konzeption der Parteiorganisation als Instituts-Akademie, in der die universellen Revolutionäre sich allseitig schöpferisch ausbilden und in permanenter Wechselbeziehung zur revolutionären Praxis stehen, verflüchtigte sich ins Reich der utopischen Nebelbildungen.

Die Bundesrepublik an Ende des sogenannten Wirtschaftswunders, d. h. nach der vollen Ausschöpfung der vorhandenen quantitativen und qualitativen Arbeitskräfte- und Berufsstruktur, zeichnet sich dadurch aus, daß die hohen unproduktiven Staatsausgaben, die Subventionen etc., die die sich etablierende Staatsmaschine im Laufe der Prosperitätsperiode an die Vertreter der Interessentenbörse relativ leicht geben konnte, am Ende der Rekonstruktionsperiode des westdeutschen Kapitalismus »plötzlich« als zusätzliche, zumeist unproduktive Ausgaben, als für die Weiterentwicklung der Ökonomie gefährliche Totgewichte, als »faux frais« der kapitalistischen Produktion erscheinen.

Die Milliarden »unrentabler Investitionen« in die Ausbildungssphäre (Bau neuer Universitäten, Schulen, Berufsschulen, Ingenieurschulen etc.), die für die Schaffung einer qualitativ und quantitativ neuen Berufs- und Ausbildungsstruktur nötig wären, sind in der jetzigen Phase des westdeutschen Kapitalismus nicht ohne inflationäre Verschärfung disponibel. Hinzu kommt die Tatsache, daß die widersprüchliche Einheit des Gesamtapparats von Oligopolen, staatlich-gesellschaftlicher Bürokratie, Parteien, Interessenverbänden usw. durch keinen »beherrschenden Willen« *wirklich* gesamtgesellschaftlich geleitet wird.

An die Stelle der Konkurrenz der privaten Eigentümer sind im Spätkapitalismus die Marktabsprachen der korporierten Eigentümer getreten. Dahinter liegt die Tendenz zur Vergesellschaftung im Kapitalismus, drückt sich aber auch eine bewußtere Form des gesellschaftlichen Zusammenhanges der Produzenten aus. Steigende Mehrwertraten, absolute Zunahme der beschäftigten Bevölkerung nach der Weltwirtschaftskrise lassen auch die Mehrwertmasse steigen.

Diese Mehrwertmasse wird für den Akkumulationsprozeß bereitgestellt. Konkrete Schranken der Akkumulation sind *Produktionskapazität* und *-proportionalität*. Das akkumulationsbereite Kapital gerät in Widerspruch mit diesen Bedingungen, versucht durch technischen Fortschritt, künstlich geschaffene Bedürfnisse, Export von Kapital etc. die Schranken zu überwinden. Der permanente Hunger nach Verwertungsmöglichkeiten ist der Motor der kapitalistischen Entwicklung. Insofern die Ausdehnung des äußeren Feldes der kapitalistischen Produktion immer schwerer wird - die Aufteilung der Welt ist beendet, und die Dritte Welt kämpft -, wird der *technische Fortschritt* immer mehr zum entscheidenden *Akkumulationsfaktor.* Allerdings gibt es auch hier immanente Schranken. Immer weniger Produktionszweige sind noch nicht voll durchindustrialisiert (Landwirtschaft!). Gewissermaßen werden immer mehr nur noch ganz *neue Industrien* zum bestimmenden Träger des Akkumulationsprozesses.

Diese neuen Industrien stehen in zunehmendem Maße Industrien gegenüber, die kapitalgesättigt sind bzw. akkumulationsunfähig geworden sind. Der zumeist hohe Anteil des fixen Kapitals macht akkumulationsunfähige Produktionszweige für die Dauer ihres Abbauprozesses stützungsbedürftig. Der Anstoß zu etatistischen Maßnahmen kommt gerade von diesen bedrohten Produktionszweigen. Die akkumulationsunfähigen Wirtschaftszweige drücken die ökonomischen Totgewichte der kapitalistischen Gesellschaft aus, zeigen die objektiven Schranken der Akkumulation an, hemmen andererseits die »ungestörte« ökonomische Gesamtentwicklung. Die Entfaltung einer immer höheren Produktivität der Arbeit auf der Grundlage des technischen Fortschritts läßt den Akkumulationsfonds ständig wachsen. Die begrenzte Verwertungsmöglichkeit des Kapitals und die nur immer schwerer überwindbaren Schranken der Akkumulation haben notwendigerweise die verschiedensten Formen der Kapitalvernichtung zur Folge. Das Wachstum der physischen (Stillegungen, Vorratsvernichtung, Krieg) und funktionalen (jede Kapitalausgabe für unproduktive Zwecke, Anwachsen der unproduktiven Staatsausgaben u.a.m.) Kapitalvernichtung zeigt die »Überfälligkeit« des Systems an. Die ungeheure Steigerung der faux frais (toten Kosten) der kapitalistischen Produktion drückt die Gesamtheit der Kapitalvernichtung aus.

Die Differenz zwischen der technologisch möglichen und der faktischen Entfaltung der gesellschaftlichen Produktivkräfte wird immmer größer. Damit wird auch die Spannung zwischen dem möglichen Lebensstandard bei einer vollen Beseitigung der kapitalistischen Fesseln und dem faktischen Lebensstandard immer mehr vergrößert. Der kapitalistische Staat muß immer deutlicher als Regulator und ökonomische Potenz eingreifen, um die Systeminteressen systematisch durchzusetzen. »Der letzte Grund aller wirklichen Krisen bleibt immer die Armut und Konsumtionsbeschränkung der Massen gegenüber dem Trieb der kapitalistischen Produktion, die Produktivkräfte so zu entwickeln, als ob nur die absolute Konsumtionsfähigkeit der Gesellschaft ihre Grenze bilde« (Kapital III, S. 528).

Die Existenz stagnierender, akkumulationsunfähiger Produktionszweige (Bergbau, Landwirtschaft z. B.), die »auf Krücken gehen«, subventioniert werden müssen, und der unterentwickelte Status der entscheidenden Träger des Akkumulationsprozesses in den 70er Jahren, der neuen Industriezweige Elektronik, Weltraumforschung, Flugzeugbau, Atomenergie etc. deuten auf eine langfristige Stagnationsperiode des westdeutschen Kapitalismus hin.

Die allgemeine Einschätzung der sozial-ökonomischen Situation der BRD und West-Berlins bildet die Voraussetzung für eine politisch-strategische Diskussion über den Prozeß der bundesrepublikanischen Umwälzung im Kontext der internationalen Auseinandersetzung zwischen Revolution und Konterrevolution.

Die verschiedenen Fraktionen des Apparats, der Regierungsmaschine, feiern in der Großen Koalition eine »Orgie des Renegatentums«. Sogenannte Widerstandskämpfer, wie Gerstenmaier, ehemalige Vertreter der verschiedenen Arbeiterparteien, wie Brandt (SAPD), Wehner (KPD), zynisch gewordene Sozialdemokraten und Alt-Faschisten, wie Kiesinger & Co., steigen in das gemeinsame Bett, bis die bewußtgewordenen Massen sie für immer vertreiben werden.

Diese spätkapitalistische Grundstruktur ist integraler Bestandteil des heutigen Imperialismus.

Der heutige Imperialismus als konkrete Totalität der internationalen kapitalistischen Interessensphären bildet -

stärker als früher - eine *widersprüchliche Einheit,* in der eindeutig die US-Interessen dominieren. Der westdeutsche Imperialismus hat wichtige Hilfsfunktionen übernommen! Er stützt seit Jahren durch den Devisenausgleich den US-Dollar, leistet in Taiwan und Südvietnam z. B. intensive ökonomische und paramilitärische Hilfe in der Form von landwirtschaftlichen Experten in Taiwan und dem sogenannten »humanitären« Dienst in Südvietnam etc.

Daneben tritt - wohl als Vehikel für eine stärkere eigene imperialistische Politik gedacht - die Zusammenarbeit mit den afrikanischen Regierungen, deren Völker um ihre sozial-ökonomische Emanzipation zu kämpfen anfangen, mit Südafrika, Portugal und Rhodesien.

An dem Versuch der Zerschlagung der sozialrevolutionären Bewegung in Portugiesisch-Angola, Mozambique, Sao Thome, Portugiesisch-Guinea und in Rhodesien ist der westdeutsche Imperialismus direkt beteiligt: Im März 1966 vereinbarten Lissabon und Bonn eine »bilaterale militärische Zusammenarbeit«, hinzu kommt die NATO-Zusammenarbeit. Es ist bekannt, daß die Bonner Regierung im vergangenen Jahr 70 teuer gekaufte F 86 sehr billig an Portugal verkaufte, deutsche Piloten die Maschinen nach Afrika flogen, wo sie sofort zur Bekämpfung der Befreiungsbewegungen in Angola und Mozambique eingesetzt wurden. Andere wichtige Kriegsmaterialien gehen permanent nach Afrika.

Für die Strategie des antiimperialistischen Kampfes, für die Vermittlung antiimperialistischer und antikapitalistischer Strategie scheint uns hier jede Möglichkeit gegeben zu sein. Große Teile der Bevölkerung sind gegen die sinnlose Rüstung zu mobilisieren, besonders weil der BRD-Kapitalismus nicht mit der Rüstungsproduktion steht und fällt.

Diese Praktiken, die die lohnabhängigen Massen in der BRD zu tragen haben, könnten durch eine systematische Entlarvung politisch verwertet werden.

Seit März 1967 befinden sich ca. 100 Offiziere und Berater der Bundeswehr in Rhodesien, um Counter-Guerilla-Taktiken zu vermitteln und Erfahrungen zu sammeln.

In Rhodesien ist permanent ein Aufstand der schwarzen Massen gegen die kapitalistische weiße Minorität möglich.

Uns ist es bisher nicht gelungen, diesen notwendigen Befreiungskampf und die Bundeswehr-Hilfe agitatorisch und propagandistisch zu verwerten.

Die NATO ist die organisierte Zentrale des Imperialismus in Mittel- und Westeuropa zur Verhinderung der Emanzipation der produzierenden Massen. Innerhalb einer Anti-NATO-*Kampagne* hätten diese imperialistischen Praktiken ihren politischen Stellenwert.

Diese Kampagne ist nur sinnvoll möglich, wenn es uns überzeugend gelingt, die »nationalen« Kampagnen zu internationalisieren, die *Massenaktionen,* die *systematische Desertion* und die *subversive Aktion gegen Kriegsmaterial* der NATO-Imperialisten permanent als internationale Aufgabe zu praktizieren.

Der Aufbau eines *eigenen revolutionären Informationsnetzes* ist unerläßlich und möglich, wenn wir *taktische Zentralen* (Büros) für diese Kampagne in den verschiedenen Ländern bilden, in denen Genossen aus den verschiedenen Ländern zusammenarbeiten. Ein praktischer Schritt in dieser Richtung wäre der Aufbau einer *Dokumentationszentrale,* und zwar über den Mißbrauch der Wissenschaften zu Kriegs- und Unterdrückungszwecken im Kapitalismus. Diese sollte ergänzt werden durch den Aufbau von revolutionär-wissenschaftlichen Instituten der revolutionären Jugendorganisationen, die die imperialistische Zusammenarbeit untersuchen und publizistisch verbreiten und damit helfen, antiimperialistische Aktionen vorzubereiten.

Diese Institute wären ein qualitativer Fortschritt, wären von größter Bedeutung für die Befreiungsbewegungen, für die Organisierung *konkreter Solidarität* (siehe NACLA-Büro für Lateinamerika). Auf gemeinsamen *Aktions- und Diskussionskonferenzen* könnte die theoretische und praktische Kontinuität gewährleistet werden. Dieser praktische Internationalismus findet seine materialistische Begründung im internationalen Charakter der Kapitals und seiner Herrschaft.

Die revolutionären Jugendorganisationen haben in der Geschichte der Arbeiterbewegung in den Perioden, in denen die produzierenden Massen ihren Kampf noch nicht als unerbittlichen Klassenkampf aufgenommen hatten, immer als erste diesen notwendigen Internationalismus begonnen.

Der Grundwiderspruch zwischen Lohnarbeit und Kapital im internationalen Rahmen wird nach unserer Meinung in der jetzigen Periode besonders stark durch den internationalen Kampf zwischen Revolution und Konterrevolution bestimmt.

Daraus folgt keine abstrakte Negation der verschiedenen Widerspruchsebenen - genauer, der verschiedenen Ebenen in Produktion, Konsumtion und Zirkulation, in denen Widersprüche aktualisiert werden können. Es ist uns gelungen, in der Universität primär, aber auch außerhalb der Universität Zehntausende gegen den US-Krieg in Vietnam zu mobilisieren. Das war und ist eine Produktivkraft für die Mobilisierung von breiten Minderheiten. In den weltweiten Demonstrationen liegt in einem antizipatorischen Sinne so etwas wie eine *revolutionäre Globalstrategie.*

Eine ungelöste Frage für die Strategie der Linken in der BRD ist die Verbreiterung des antiautoritären Lagers der Studenten, Schüler und Jugendlichen in die Richtung der die materielle Produktion tragenden Industriearbeiterschaft, ist die Frage nach der Revolutionierbarkeit von Gruppen, Schichten, Abteilungen, Fraktionen und Elementen der lohnabhängigen Massen. Daß unsere Aktionen eine ständige Infragestellung der Macht der Herrschenden darstellen und für die beherrschten Produzenten Beispielcharakter tragen können, scheint uns unbestreitbar. Daß die Arbeiter, Lehrlinge, Angestellten, Schüler etc. in ihren und unseren Aufklärungsveranstaltungen und besonders in den Aktionen gegen die autoritäre staatliche Gewaltmaschine antiautoritäre Verhaltensweisen lernen, ist eindeutig - auch und gerade für die noch unerkannten und noch nicht politisierten Widersprüche in der eigenen autoritären Institutionstotalität -, ob nun Betrieb oder Verwaltung, ob Kirche oder Wohnblock . . .

Ein wirkliches *Kettenglied* - und der Streik in Hanau weist darauf hin - sind noch immer besonders die *ausländischen Arbeiter,* die unter unmenschlichen Bedingungen Mehrwert produzieren. Diese *disponible Reservearmee* des westdeutschen Kapitalismus ist darum *subversiv,* weil sie die lebendige internationale materialistische Basis der Revolution für Europa konkret vermittelt, wenn auch in widersprüchlicher Form. Ihre politische Mobilisierung, Organisierung und

Revolutionierung ist auch eine direkte Produktivkraft der Revolution in den anderen Ländern. Und die griechischen, spanischen und portugiesischen Faschisten haben Angst vor der Rückkehr organisierter revolutionärer Massen ihres eigenen Landes. Materialistisch vermittelt ist das durch die sozialökonomische Situation der Länder, die die Arbeiter nicht mehr absorbieren können. Wir haben zu diesen Arbeitern zu gehen, zu lernen, zu erklären, zu organisieren und uns als bürgerliche Intellektuelle zu negieren.

Das gilt gleichermaßen für unsere unerläßliche Arbeit besonders unter den durch die Strukturkrise betroffenen Fraktionen der Arbeiterschaft in den stagnierenden Produktionszweigen, wie z. B. im Ruhrgebiet. Der Mythos von der NPD im Ruhrgebiet ist der Mythos der Herrschenden. Die historische Funktion des Faschismus war, die proletarische Revolution zu verhindern. Die NPD hat diese Chance nicht mehr.

Der heutige Faschismus steckt in den autoritären Institutionen und im Staatsapparat. Den letzteren zu sprengen ist unsere Aufgabe, und daran arbeiten wir. Dazu gehört die entschlossene und dauerhafte Mobilisierung und Organisierung der Massen an allen Orten, primär jetzt im Ruhrgebiet. Dazu gehört die immer dringender werdende solidarische Zusammenarbeit mit den Einzelgewerkschaften, die entschlossen sind, einem Lohnstopp mit allen Mitteln politisch und ökonomisch entgegenzutreten, nicht die Große Koalition der Parasiten und Blutegel zu vervollständigen. Wir kämpfen für eine antiautoritäre und damit antifaschistische *Einheitsfront* aller Gruppen, Organisationen und Individuen aus allen Sphären der Gesellschaft - mit dem Ziel, eine antiautoritäre, d. h. freie Gesellschaft, direkte Herrschaft der Produzenten über die Produktionsmittel zu erkämpfen. Das allein wäre die Auflösung und Vernichtung der Widersprüche des Kapitals, wäre die freie revolutionäre und sozialistische Gesellschaft!

Die historische Aufgabe des Spätkapitalismus ist es, die Massen in ein funktional im Interesse der Herrschenden reagierendes Kollektiv zu verwandeln, sie jederzeit für militärische und zivile Zwecke verwertbar und einsetzbar zu halten. Gerade diese entscheidende Aufgabe kann er in der

BRD immer weniger erfüllen. Die kulturrevolutionäre Übergangsperiode, die spätestens seit dem 2. Juni 1967 relevante Schichten innerhalb und auch außerhalb der Universität mobilisierte, kann »nur« noch durch brutalsten Repressionseinsatz beendet werden!

Systematisch wichtig für eine sozialrevolutionäre Strategie müßte sein, zu begreifen, daß das System des Spätkapitalismus nicht auf eine aktive, selbsttätige *Massenbasis* zurückgreifen kann. Das System hat zwar eine Massenbasis, aber diese ist passiv und leidend, ist unfähig, politischen und ökonomischen Herausforderungen von sich aus spontan zu begegnen. Der heutige Faschismus ist nicht mehr manifestiert in einer Partei oder in einer Person, er liegt in der tagtäglichen Ausbildung der Menschen zu autoritären Persönlichkeiten, er liegt in der Erziehung, kurz, er liegt im bestehenden System der Institutionen.

Das System des Spätkapitalismus ist mehr denn je eine Minderheitsherrschaft, zusammengehalten durch die widersprüchliche Einheit des Gesamtapparats, bestehend aus der staatlich-gesellschaftlichen Bürokratie und den Vertretern der Oligopole. Die tagtägliche Mobilisierung der gesamten Gesellschaft gegen die Idee der sozialen Befreiung von zusätzlicher und überflüssiger Arbeit und Herrschaft versucht, die Menschen geistig und biologisch zu passiven Signalempfängern zu machen. Unter diesen Verhältnissen wird der Rückgriff auf den traditionellen Massenbegriff der 20er Jahre strategisch und taktisch falsch. Die Herrschenden können nicht von heute auf morgen gegen uns in der BRD Hunderttausende mobilisieren. Der widersprüchliche Gesamtapparat kann es sich heute nicht einmal mehr leisten, die Massen für sich zu mobilisieren, könnte doch dadurch in letzter Konsequenz auch Hand an die Herrschaft des Apparats gelegt werden.

Ganz im Gegensatz dazu ist es uns revolutionären Sozialisten heute in der Bundesrepublik möglich geworden, durch ein System der systematischen Vermittlung von Aufklärung und Aktion eine durchaus schon massenhafte Mobilisierung zu erreichen.

Die weltgeschichtliche Rolle und Funktion der vietnamesischen Revolution ist dabei evident. Die Aggression der

Vereinigten Staaten von Nordamerika war unübersehbar. Sie geschah zu einem Zeitpunkt in brutal-offener Form, als die vielfältigsten Mechanismen der »Einflußnahme« nicht mehr ausreichten, um den Sieg der revolutionären Befreiungskräfte in Südvietnam zu verhindern. Das historische Pech des US-Imperialismus bestand nun gerade darin, daß er seine einzige »Legitimationsbasis«, die antikommunistische Ideologie, abbauen mußte, um die Niederschlagung der sozialrevolutionären Befreiungsbewegungen überhaupt noch unter antikommunistischer Fahne zu ermöglichen. Dieser scheinbare Widerspruch löst sich auf, wenn wir begreifen, daß die Anerkennung der Koexistenz-Ideologie der Sowjetunion durch den Imperialismus geschah, um wenigstens in Mittel- und Westeuropa eine »ruhige Zone« des Systems zu erhalten, um einen »freien Rücken« für die kurzfristige und effektive Zerschlagung der revolutionären Bewegung der Dritten Welt zu erhalten.

Die historische »Schuld« der Sowjetunion besteht in dem völligen Versagen, diese Strategie des Imperialismus zu begreifen und subversiv-revolutionär zu beantworten. Die sich von Monat zu Monat, von Jahr zu Jahr steigernde Aggression des US-Imperialismus in Vietnam materialisierte sich in den hochentwickelten kapitalistischen Ländern als »abstrakte Gegenwart der Dritten Welt in den Metropolen« (O. Negt), als geistige Produktivkraft im Bewußtwerdungsprozeß über die Antinomien der heutigen Welt.

Die weltgeschichtliche Bedeutung des Kampfes des vietnamesischen Volkes, die exemplarische Bedeutung dieser Auseinandersetzung für die folgenden Kämpfe gegen den Imperialismus standen schon sehr früh im Mittelpunkt der Vietnam-Diskussionen. Daß aber dieser entscheidende Aspekt ins studentische Bewußtsein und nun auch partiell ins Bewußtsein der lohnabhängigen Massen gelangt, scheint uns seine materialistische Begründung in dem spezifischen Produktionsverhältnis der studentischen Produzenten zu haben. Wir haben als Studenten - wenn auch von Fakultät zu Fakultät verschieden - innerhalb der gesamtgesellschaftlichen Reproduktion soziologisch eine Zwischenlage. Auf der einen Seite sind wir eine geistig und ausbildungsmäßig privilegierte Fraktion des Volkes, aktuell bedeutet dieses Privileg im

Grunde aber nur Frustration. Frustration darum, weil der sich ausbildende Student, besonders der politisch engagierte, tagtäglich den Idiotismus der Politikaster-Cliquen der irrationalen Autoritäten kritisch und manchmal auch sinnlich miterlebt. Hinzu kommt, daß diese antiautoritären Studenten noch keine materiell gesicherten Positionen der Gesellschaft übernommen haben, sie von Machtinteressen und Machtpositionen noch relativ weit entfernt sind. Diese temporäre Subversiv-Stellung der Studenten bringt eine dialektische Identität der unmittelbaren und historischen Interessen der Produzenten hervor. Die vitalen Bedürfnisse und Interessen nach Frieden, Gerechtigkeit und Emanzipation können sich daher in diesen soziologischen Positionen am ehesten materialisieren. Wirkliche Virulenz entfalteten sie aber erst, als die Studenten durch den antiautoritären Kampf im eigenen Institutsmilieu Universität gegen die dortige Bürokratie sich politisierten, entschlossener in der politischen Auseinandersetzung um ihre Interessen und Bedürfnisse kämpften. Die unmittelbare Beziehung des studentischen Produzenten zu seinem Ausbildungsmilieu darf nicht vergessen werden. Seine Lernsituation an der Universität ist bestimmt von der Diktatur der inflationär ansteigenden Prüfungen und von der Diktatur der Ordinarien. Die Professoren wiederum sind Diener des Staates. Die heutige Verstaatlichung der ganzen Gesellschaft bildet die Basis für ein Verständnis des antistaatlichen und antiinstitutionellen Kampfes der radikalen außerparlamentarischen Opposition.

Dadurch verlor Vietnam viel von seiner scheinbaren Abstraktheit. Die produktive Vermittlung der unmittelbaren und der historisch-emanzipatorischen Interessen der antiautoritären Studenten kann nur in der Auseinandersetzung, im politischen Kampf geschehen. Die Restriktionspolitik der universitären Bürokratie, die brutalen Einsätze der Westberliner Bürgerkriegsarmee bei den verschiedenen Demonstrationen, die langandauernde permanente Aufklärung über die gesellschaftlichen Widersprüche, die systematisch die Spielregeln der bürgerlichen Gesellschaft »verletzenden« Aktionsformen und der dabei stattfindende Lernprozeß *schufen* die antiautoritäre Einstellung.

Sie entfaltet sich im Kampf um neue radikale Bedürfnisse,

um das Ziel, die Totalität der die Menschen von langer Arbeitszeit, Manipulation und Elend befreienden Produktivkräfte endlich von den Fesseln des Kapitals und der Bürokratie zu befreien, sie endlich der bewußten Kontrolle zu unterwerfen, einen *neuen Menschen* zu schaffen.

Geben wir uns aber keinen Illusionen hin.

Das weltweite Netz der organisierten Repression, das Kontinuum der Herrschaft, läßt sich nicht leicht aufsprengen. Der »neue Mensch des 21. Jahrhunderts« (Guevara, Fanon), der die Voraussetzung für die »neue Gesellschaft« darstellt, ist Resultat eines langen und schmerzlichen Kampfes, kennt ein sehr schnelles Auf und Ab der Bewegung; temporäre Aufschwünge werden durch nicht zu umgehende »Niederlagen« abgelöst werden. Unsere kulturrevolutionäre Übergangsphase ist im »klassischen« Verständnis der Revolutionstheorie eine vorrevolutionäre Phase, in der Personen und Gruppen sich noch manchen Illusionen, abstrakten Vorstellungen und utopistischen Projekten hingeben, ist eine Phase, in der der radikale Widerspruch zwischen Revolution und Konterrevolution, zwischen der herrschenden Klasse in ihrer neuen Form und dem Lager der Antiautoritären und Unterprivilegierten noch nicht konkret und unmittelbar sich auszutragen beginnt. Was für Amerika schon eindeutig Realität ist, hat auch schon für uns mit gewissen Modifikationen große Bedeutung: »Es ist keine Zeit nüchterner Reflexion, sondern eine Zeit der Beschwörung. Die *Aufgabe der Intellektuellen* ist mit der des Organisators der Straße, mit der des Wehrdienstverweigerers, des *Diggers* identisch: *mit dem Volke zu sprechen und nicht über das Volk.* Die prägende Literatur jetzt ist die Underground-Literatur, sind die Reden von Malcolm X, die Schriften Fanons, die Songs der Rolling Stones und von Aretha Franklin. Alles übrige klingt wie der Moynihan-Report oder ein ›Time‹-Essay, die alles erklären, nichts verstehen und niemanden verändern« (A. Kopkind, Von der Gewaltlosigkeit zum Guerilla-Kampf, in: Voltaire-Flugschriften Nr. 14, S. 24/25). Wir haben noch keine breite kontinuierliche Untergrundliteratur, es fehlen noch die Dialoge der Intellektuellen mit dem Volk, und zwar schon auf dem Standpunkt der wirklichen, d. h. der unmittelbaren und historischen Interessen des Volkes.

Es gibt den Beginn einer Desertionskampagne in der amerikanischen Besatzungsarmee, es fehlen aber noch die organisierten Desertionskampagnen in der Bundeswehr. Wir wagen es schon, den amerikanischen Imperialismus politisch anzugreifen, aber wir haben noch nicht den Willen, mit unserem eigenen Herrschaftsapparat zu brechen, militante Aktionen gegen die Manipulationszentren, z. B. gegen die unmenschliche Maschinerie des Springer-Konzerns, durchzuführen, unmenschliche Kriegsmaschinerie zu vernichten.

Genossen! Wir haben nicht mehr viel Zeit.

In Vietnam werden auch wir tagtäglich zerschlagen, und das ist nicht ein Bild und ist keine Phrase. Wenn in Vietnam der US-Imperialismus überzeugend nachweisen kann, daß er befähigt ist, den revolutionären Volkskrieg erfolgreich zu zerschlagen, so beginnt erneut eine lange Periode autoritärer Weltherrschaft von Washington bis Wladiwostok. Wir haben eine historisch offene Möglichkeit. Es hängt primär von unserem Willen ab, wie diese Periode der Geschichte enden wird. »Wenn sich dem Viet-Cong nicht ein amerikanischer, europäischer und asiatischer Cong zugesellt, wird die vietnamesische Revolution ebenso scheitern wie andere zuvor. Ein hierarchischer Funktionärsstaat wird die Früchte ernten, die er nicht gesät hat« (Partisan Nr. 1, Vietnam, die Dritte Welt und der Selbstbetrug der Linken, Berlin 1967).

Und Frantz Fanon sagt für die Dritte Welt: »Los, meine Kampfgefährten, es ist besser, wenn wir uns sofort entschließen, den Kurs zu ändern. Die große Nacht, in der wir versunken waren, müssen wir abschütteln und hinter uns lassen. Der neue Tag, der sich schon am Horizont zeigt, muß uns standhaft, aufgeweckt und entschlossen antreffen« (Die Verdammten dieser Erde, Suhrkamp 1966, S. 239).

Laßt uns auch endlich unseren richtigen Kurs beschleunigen. Vietnam kommt näher, in Griechenland beginnen die ersten Einheiten der revolutionären Befreiungsfront zu kämpfen. Die Auseinandersetzungen in Spanien spitzen sich zu. Nach 30 Jahren faschistischer Diktatur ist in der Einheitsfront der Arbeiter und Studenten eine neue revolutionäre Kraft entstanden.

Die Bremer Schüler haben angefangen und gezeigt, wie in der Politisierung unmittelbarer Bedürfnisse des Alltagslebens

- Kampf gegen Fahrpreiserhöhungen - subversive Sprengkraft entfaltet werden kann. Ihre Solidarisierung mit den lohnabhängigen Massen, die richtige Behandlung der Widersprüche und die Auseinandersetzungen mit der autoritär-militaristischen Polizei zeigen sehr deutlich, welche großen Möglichkeiten des Kampfes im System des Spätkapitalismus liegen. An jedem Ort der Bundesrepublik ist diese Auseinandersetzung in radikaler Form möglich. Es hängt von unseren schöpferischen Fähigkeiten ab, kühn und entschlossen die sichtbaren und unmittelbaren Widersprüche zu vertiefen und zu politisieren, Aktionen zu wagen, kühn und allseitig die Initiative der Massen zu entfalten. Die wirkliche revolutionäre Solidarität mit der vietnamesischen Revolution besteht in der aktuellen Schwächung und der prozessualen Umwälzung der Zentren des Imperialismus. Unsere bisherige Ineffektivität und Resignation lag mit in der Theorie.

Die Revolutionierung der Revolutionäre ist so die entscheidende Voraussetzung für die Revolutionierung der Massen. Es lebe die Weltrevolution und die daraus entstehende freie Gesellschaft freier Individuen!

Der Internationale Vietnam-Kongreß in West-Berlin (17. und 18. Februar 1968), der von zahlreichen ausländischen Organisationen mitgetragen wurde, war der Höhepunkt der Vietnam-Kampagne der westdeutschen und Westberliner Studenten- und Jugend-Revolte. - Robert McNamara war damals Verteidigungsminister der USA. - Streik in Hanau: im Rahmen der Chemie-Tarifrunde 1967 kam es bei Dunlop in Hanau zu einem entschlossenen, teils militanten Streik, an dem sich vor allem auch ausländische Arbeiter beteiligten; es war der erste Arbeiterstreik, der in der Studentenbewegung größere Beachtung fand. - Die Bremer Schüler: im Januar 1968 demonstrieren bis zu 4000 Bremer Schüler gegen eine geplante Fahrpreiserhöhung; nach neuntägigen Demonstrationen und Blockaden läßt der Bremer Senat das Vorhaben fallen. - Der hier veröffentlichte Text weicht in einigen Passagen vom vorgetragenen Redetext ab; in der vorliegenden Form wurde er unmittelbar nach dem Kongreß in einer Broschüre des SDS (»Der Kampf des vietnamesischen Volkes und die Globalstrategie des Imperialismus«) publiziert.

Rudi Dutschke, Josef Bachmann: zwei Briefe

Mailand, 9. Dezember 1968

Lieber J. Bachmann!

Paß auf, *Du brauchst nicht nervös zu werden*, lies diesen Brief durch oder schmeiß ihn weg.

Du wolltest mich fertig machen. Aber auch, wenn Du es geschafft hättest, hätten die *herrschenden Cliquen* von Kiesinger bis zu Springer, von Barzel bis zu Thadden *Dich* fertig gemacht.

Ich mache Dir einen Vorschlag:

Laß Dich nicht angreifen, greife die herrschenden Cliquen an. Warum haben sie Dich zu einem bisher so beschissenen Leben verdammt?

Warum wurdest Du und wirst Du und mit Dir die abhängigen Massen unseres Volkes *ausgebeutet*, wird Deine Phantasie, wird die Möglichkeit Deiner Entwicklung zerstört. Warum werden *wir alle* noch immer geduckt und niedergehalten?

Für die Schweine *in den herrschenden Institutionen*, für die Vertreter des Kapitals, für die Parteien *und* Gewerkschaften, für die Agenten der Kriegsmaschinerie und der »Medien *gegen das Volk*«, für die Parteifaschisten gegen die Massen, die sich überall finden, dürft Ihr täglich schuften.

Die wenigen Tage der deutschen Revolution von 1918 haben die Massen den *8 Stunden-Tag* erkämpft – *50 Jahre später* muß unser ganzes Volk, um sich erhalten zu können, genau so sich quälen wie eh und je – nur in »schönerer« *unmenschlicherer Form.* Die Studenten und Intellektuellen haben bisher an Eurer Benutzung und Ausbeutung sich beteiligt. Für uns taugen Studenten nur etwas, wenn sie endlich wieder ins Volk gehen. Die Intellektuellen und Künstler müssen *endlich* ihre auch schöpferische Phantasie fest mit dem Leben des Volkes verbinden, bei Euch arbeiten, Euch unterstützen, sich verändern, Euch und Dich verändern.

Was hältst Du von diesem Vorschlag?

Ich habe viele Jahre auf dem Lande und in den Fabriken gearbeitet. Viele von uns, die die Universität abschließen, gehen jetzt als Gruppen in den Produktionsprozeß, um die Revolution vorzubereiten.

Also schieß nicht auf uns, kämpfe für Dich und Deine Klasse. Höre auf mit den Selbstmordversuchen, der *antiautoritäre Sozialismus* steht auch noch für Dich da.

Rudi Dutschke

P.S.: Da ich erwarte, daß Du diesen Brief nicht von den Staatsvertretern erhältst, gebe ich ihn auch der sogenannten Öffentlichkeit in der ganzen Welt.

Josef Bachmann
1 Berlin 21
Alt-Moabit 12a

Berlin, den 15. 1. 69

Lieber Rudi Dutschke!

Ich möchte Ihnen nun ein zweites Mal schreiben, ich weiß nicht ob Sie meinen ersten Brief überhaubt bekommen haben. Natürlich möchte ich mich auch für Ihren zweiten Brief bedanken, den ich mit Begeisterung und großer Freude erhalten habe.

Der zweite Brief über Pfro. Helmut Gollwitzer hat mir über Sie noch einen besseren Einblick erlaubt wie bisher.

Ich möchte nochmals mein Bedauern über das aussprechen, was ich Ihnen angetan habe. Ich kann nur hoffen, daß Sie in Ihrer Zukunft und Ihrer weiteren Laufbahn, die für Sie ja erst anfängt, keine ernstlichen körperlichen Schäden zurückbehalden werden.

Zur Zeit geht es mir etwas besser als wie in den ersten Monaten, wo ich versucht habe, mit allen Mitteln aus dem Leben zu scheiden. Ich hoffe ja, daß ich alles durchstehen werde und für mich auch noch einmal die Sonne scheinen wird, wenn nicht, bleibt mir noch immer Zeit, von dieser beschissenen Erde zu verschwinden.

Meine Einstellung über unsere heutige Deutschland-Politik ist im allgemeinen gut. Unser Wohlstand ist einer der besten auf der Welt, jeder hat Arbeit und Brot, jeder kann frei studieren und machen, was er will.

Nun frage ich mich, warum wird demonstriert, gegen was wird demonstriert, warum will man die Arbeiterschaft und unser heutiges System die Verbrecher Ulbricht und Genossen in die Hand spielen. Ich war oft in Ostberlin und habe sehr viel Kontakt mit der Jugend aufgenommen. Ich bin selbst vom Osten! Wenn man diese jungen Leude sprechen hört, dann ist es kein Wunder, daß sich mein Haß gegen alles richtet, was bolschewistich und kommunistich ist. Damit möchte ich Sie nicht mit dazu zählen.

Ich habe vielleicht von Ihnen eine ganz verkehrte Auffassung gehabt. Vielleicht haben Sie gar nicht so unrecht, wenn Sie meinen, daß unsere Ruhe und Ortnung schon etwas zu lange anhält. Wenn ich Sie richtig verstehe und mir ein Bild von Ihnen erlauben darf, wollen Sie und Ihre Comilitonen ein besseres System erreichen als das heutige. Aber jetzt kommt die Frage, was soll das sein und wie will man etwas ändern, was gar nicht zu ändern geht, denn die breite Bevölkerungsschicht fühlt sich so wohl, daß sie überhaupt nicht daran denkt, sich etwas anderes aufschwatzen zu lassen. Solange es dem Volk gut geht und es sich wie die Made im Speck wohlfühlt, ist es sehr schwer, etwas besseres zu erreichen. Es sei denn es geht bergab, und die Masse steckt bis zum Hals im Dreck. Ich nehme ja nicht an, daß unsere heutige Generation eine Diktatur zustreben möchte, wie es in den Ostplock Ländern oder im 3 Reich möglich war.

Dubcek in der CSSR wollte nur ein bischen Freiheit für sein Volk, daß von dem russischen Kommunismus brutal undertrückt und ausgebeutet wird.

Es ist ja bekannt, daß Komminismus und Faschismus die Menschheit versklaven und undertrücken will. Darum ist man heute in der Bundesrepublik wachsam was sich ziemlich links bewegt und verschidene Gruppen mit dem linken Auge nach Osten schauen.

Hiermit möchte ich schließen wünsche Ihnen, Rudi Dutschke, alles Gute und viel Erfolg für Ihre Zukunft.

Josef Bachmann

Am 11. April 1968 wurde Rudi Dutschke durch drei Revolverschüsse lebensgefährlich verletzt. Josef Bachmann, der 24jährige Schütze, wurde im März des folgenden Jahres zu sieben Jahren Zuchthaus verurteilt. Er, der rechtsradikalen Kreisen nahegestanden hatte, nach Augenzeugenberichten im Gefängnis als ›Sonderling‹ galt und mehrere Selbstmord-Versuche machte, tötete sich in der Nacht vom 23. auf den 24. Februar 1970. – Beide Briefe sind in der Originalorthographie wiedergegeben.

Internationaler Vietnamkongreß, Februar 1968

Sozialdemokratischer Kommunismus, moderne Macht und unsere Schwäche

(Aus dem Tagebuch)

5. 2. 1970

Interessant war in der »Frankfurter Rundschau« ein Artikel über die KPF, der den Aufbau und die Schwierigkeiten der Partei beschrieb. Man konnte deutlich den Hemmschuh der französischen Revolution »sehen«, 300 000 Mitglieder, 20 000 Zellen etc., seit Jahrzehnten Sozialdemokraten mit »kommunistischer« Ideologie. Dieser KPF-Hemmschuh scheint sich nicht verändert zu haben, die »Wendung« der Parteiführung besteht darin, daß sie die diesjährige Parteikonferenz in Nanterre stattfinden läßt, der Mai-»Aufstand« wird ideologisch gewinnen - damit er umso endgültiger vernebelt werden kann.

Eine bestehende und seit Jahrzehnten institutionalisierte Organisation, seit x-Jahren ohne Sammlung und Reflexion von Kampferfahrungen, von der bestehenden Gesellschaftsformation »akzeptiert«, ist die permanente Weiterentwicklung der Hemmnisse der Revolution.

Wie haben »wir« uns einer solchen Tendenz gegenüber zu verhalten? Welche Rolle und Funktion kann und muß dieses Hemmnis in unserem Kalkül spielen?

Die x-fachen Erfahrungen des mißlungenen Entrismus weisen darauf hin, daß wir ohne eine durch Kampferfahrungen aufgebaute »feste« Organisation jeder revolutionären Möglichkeit hoffnungslos gegenüberstehen. Revolutionäre Sprung-Möglichkeiten haben wir voll auszutragen, die kapitalistische Formation ist x-fach getestet worden, jeden Test hat sie bisher mit »kluger Neuanpassung« beantwortet.

Die tiefen Situationen des Aufstands sind nicht immer vorhanden, nicht alles im Prozeß der Revolution kann »gemacht« werden, es »entsteht« oft »naturwüchsig«, es drückt die Naturwüchsigkeit des Kapitals aus. Die Umwandlung der Naturwüchsigkeit in den bewußten Akt des Aufstands hebt dieselbe noch nicht auf, nähert sich aber der vollen Ausnutzung der Möglichkeiten.

Die volle Austragung der sinnlich sichtbar gewordenen Widersprüche ist in letzter Konsequenz nur durch die verschiedenen konkreten Individuen in konkreten sozialen Bedingungen möglich. Die Permanenz-Revolutionäre sind nicht vollständig, nicht primär durch die »feste und variable« Organisation bestimmt, sie sind durch revolutionäres Sentiment, Leben unter dem Aspekt der Freiheit im Reich der Repression tätig.

11. 2. 1970

Wie können wir uns einem »sozialdemokratischen Kommunismus« gegenüber verhalten? Es ist außer jedem Zweifel, daß die KPs der Komintern von 1919 bis 1921 einen subversiven Motor der Entwicklung des revolutionären Prozesses darstellten. Wir müssen 1921 als den Beginn des Prozesses der Sozialdemokratisierung der KPs ansehen, weil auf dem 3. Weltkongreß - durch die schon vorausgegangene NEP in der Sowjetunion - die Entwicklung der Hemmnis-Institution KOMINTERN eindeutig begann. Die Ideologisierung des Marxismus ist als Folge dieser von Lenin inszenierten »Wende« anzusehen. Die »Wende« allerdings trägt einen äußerst komplizierten politischen und ökonomischen Charakter.

Bei all den ab 1921 sich anzeigenden Sozialdemokratisierungstendenzen in der KI bin ich doch der Meinung, daß ein erfolgreicher Aufstand 1923 in Deutschland die falsche »Wende« in der KOMINTERN und in der Sowjetunion hätte in eine neue Richtung lenken und treiben können. Dem allerdings kann man mit gutem Grund entgegenhalten, daß gerade durch die Richtungsveränderung von 1921 nicht einmal die einzelnen Parteien in der KOMINTERN noch die für die Revolution entscheidenden Kampffähigkeiten, Organisationsformen etc. ermöglichten.

Unsere Generation, die eigentlich nicht mehr in dieser Tradition steht, die eigentlich wesentliche neue Erfahrungen, Ideen und Möglichkeiten schon vorgefunden oder entwickelt hat, ist dennoch, wie gerade der letzte KPF-Parteitag zeigt, nicht »frei« vom sozialdemokratischen Instrument der KPF. Warum? Einer der wesentlichen Gründe scheint mir zu sein, daß die antiautoritären Sozialismus-Kommunismus-Tendenzen noch keine konkrete Alternative zu den hemmenden, aber recht fest und sogar noch attraktiv dastehenden alten Organisationsformen zeigen. Warum wiederum ist das der Fall? Weil diese neue Tendenz 1. äußerst jung ist, 2. vermeidbare Fehler, wie die Aufgabe der entscheidenden antiimperialistischen Substanz, bisher nicht beachtete, 3. Fehler neuerdings durch Rückgriffe auf die 20er Jahre nicht aufgehoben, sondern nur »verschoben« werden, 4. die Dialektik zwischen Destruktion (Negation?) und Konstruktion nicht durchgehalten wird, 5. die herrschende Klasse die geringsten Fehler und falschen Fraktionierungen innerhalb des Lagers äußerst geschickt und manipulativ handhabt und 6. Schulungsprogramme fast als revolutionäre Programme verstanden werden, während ersteres *ein* wesentliches *Moment* der gesamtgesellschaftlichen revolutionären Analyse darstellt. Letztere ist politische Entscheidung auf der Grundlage des wissenschaftlichen Sozialismus, ist aber nicht als »Wissenschaft« mißzuverstehen.

Gretchen, Hosea Che und Rudi Dutschke (1968)

Wir waren niemals eine Studentenbewegung

(Brief über das Sektierertum)

Aarhus, den 25. 6. 71

Lieber Genosse Dieter,

Deinen Brief, den ich erst gegen Ende März in die Hand bekam, hat mich mit tiefer roter Freude erfüllt, zeigte er doch einen Genossen, der die dominierende Tendenz des falschen Traditionsfetischismus und der politischen-organisatorischen, damit auch theoretischen Sektiererei nicht mehr mitmachen wollte. *Die antisektiererische Tendenz, die gegenwärtig in sich noch unklar ist und eine eindeutige Minderheit innerhalb des gesamten Lagers (Bloch) der Sozialisten und Kommunisten darstellt, hat als einzige in sich revolutionäre Zukunft, gerade weil es geschichtlich allein dieser Richtung gelungen ist, objektive revolutionäre Lagen und Prozesse zu erkennen und durch Praxis in die Hand zu nehmen. Das Sektierertum hat eine äußerst lange Geschichte hinter sich, - aber es ist ohne revolutionäre Zukunft.*

Marx äußert sich in einem Brief an Kugelmann über das Sektierertum: »Die Entwicklung des sozialistischen Sektenwesens und die der wirklichen Arbeiterklasse stehn stets in umgekehrtem Verhältnis. 2.) Solange die Sekten berechtigt sind (historisch), ist die Arbeiterklasse noch unreif zu einer selbständigen geschichtlichen Bewegung. 3.) Sobald sie zu dieser Reife gelangt, sind alle Sekten wesentlich reaktionär. 4.) Indes wiederholt sich in der Geschichte der Internationale, was die Geschichte überall zeigt. 5.) *Das Veraltete sucht sich innerhalb der neugewonnenen Form wiederherzustellen und zu behaupten.«*

Solche Sätze können, wie jeder Satz in letzter Konsequenz, sektiererisch gefaßt werden. Ein subversiver Marxismus hat ihn, wie Marx und Engels es uns methodologisch lehrten, geschichtlich, damit kritisch-materialistisch in die Hand zu nehmen. Somit ist es ein nicht zu fetischisierender *historischer Satz,* der aber dennoch bis zum Siege des weltweiten befreienden Sozialismus-Kommunismus prinzipielle Relevanz in sich hat. Gehen wir von Satz zu Satz, um geschichtliche Sätze als solche zu erkennen. Der *erste* Satz scheint unantastbar zu sein, er war es auch, ist es aber nicht mehr, gerade weil die *inhaltliche Bestimmung* der »wirklichen Arbeiterklasse« eine geschichtlich veränderte Stufe - aus verschiedensten Gründen - erreicht hat. Wenn wir den *zweiten* Satz nun vulgarisiert betrachten, so ließe sich daraus geradezu noch eine Unvermeidlichkeit des jetzigen Sektierertums ableiten. Dem ist entgegenzuhalten, daß die deutsche Arbeiterklasse in den 20er Jahren aus den verschiedensten Gründen katastrophale Niederlagen erlitten hat, die im deutschen Faschismus ihren Höhepunkt fanden. Die Spaltung unseres Landes nach der Niederlage des deutschen Imperialismus im 2. Weltkrieg erweiterte die Kampfunfähigkeit unserer Arbeiterklasse, wodurch die Entwicklung einer neuen geschichtlichen Stufe der Entwicklung der Produktivkräfte etc. in der BRD für das Kapital möglich wurde. Für einen originären Marxisten sollte es sich bei Erkenntnis dieser geschichtlichen Tendenzen als selbstverständlich verstehen, daß Veränderungen im Produktionsprozeß - durch Zunahme der Relevanz von Technik und Wissenschaft u. a. m. - zu Veränderungen in der Klassenstruktur führen, wodurch die politische Linie des Klassenkampfes auch neu bestimmt werden muß. Die gegen 1964 begonnene, durch die militantesten Tendenzen im SDS geleitete anti-imperialistische Aufklärung und Aktion - in vielfältiger Gestalt - zeigte (meiner Ansicht nach unerläßlich, immer wieder darauf hinzuweisen), daß das anti-imperialistische Lager *niemals* eine »Studentenbewegung« war, sondern vielmehr eine Gesamtheit von Teilen aus den verschiedensten sozialen Schichten, wobei die militante studentische Seite überwiegte. Wer die Geschichte der BRD und West-Berlin nach dem 2. Weltkrieg etwas kennt, weiß, daß nach dem Verbot der KPD (und eigentlich schon vorher) das Klassenbewußtsein und der politische Klasseninstinkt der Arbeiterklasse sich immer mehr reduzierten, aus hier nicht weiter zu erläuternden Gründen. Mit der anti-imperialistischen Aufklärung und illegalen, genauer, aus Legalität in Illegalität transformierten Demonstration Ende 64 in West-Berlin in Sachen Tschombé begann die mehrjährige Welle anti-imperialistischer Aufklärung, Aktionen und Demonstrationen usw. Heute haben sich die meisten Sektierer-Grüppchen darauf geeinigt, diese historische Periode als eine »leider geschehene Phase« des »wildgewordenen Kleinbürgertums« diffamieren zu können, von den ultra-linken Opportunisten bis zu den Traditionalisten. Es scheint mir demgegenüber mehr denn je notwendig, den anti-sektiererischen und anti-imperialistischen *Charakter dieser unklaren, aber historisch sich so produktiv entfaltenden Bewegung* zwischen 1964 und 1968 zu betonen. Die anti-autoritäre Seite war die Seite des Kampfes gegen den despotischen Charakter der ›Autorität des Staates‹, war auch ein unklares theoretisches Verständnis über die geschichtlich erreichte Stufe.

Erinnern wir uns doch bloß der kleinen sozialistischen Sekten und Elitegrüppchen - bis hin zum SDS -, wie sie sich in der reaktionären kapitalistischen Restaurationsperiode der BRD herausgebildet hatten. *Diese Sekten verloren ihre historische Berechtigung* zwischen 1964 und 1968, gerade weil eine neue historische Qualität sichtbar wurde, die Qualität des globalen Imperialismus, die Unerläßlichkeit des internationalen Kampfes (Kongo, Vietnam, Persien, Südafrika etc.). Dieser Erkenntnisprozeß hatte infolge eines gewissen Geschichtsverlusts - zerschlagene Arbeiterklasse, zerschlagene Kader etc. . . . - viele Momente des Romantizismus und der Illusion in sich. Wer nur letzteres betont und den qualitativen Sprung des anti-imperialistischen Kampfes mißachtet, landet im sektiererischen Opportunismus, ob nun rechter oder linker Variante. Es war gerade dieser anti-imperialistische Kampf, der besonders 1965/66 zu prinzipiellen Auseinandersetzungen innerhalb des SDS führte. Die traditionsbefangene Richtung hielt unsere Form von Praxis, also jene Dialektik von Aufklärung und direkten Aktionen für einen abenteuerlichen und sektiererischen Voluntarismus.

Denk doch bloß an den Höhepunkt dieser Periode, an die *Welle gegen die Verabschiedung der Notstandsgesetze*, also jene Wochen und Monate, in welchen die internationale Qualität und nationale Besonderheit mannigfaltig *vermittelt* wurde. Ohne Einfluß und ohne Fähigkeit verfolgte ich aus dem Krankenhaus den Ablauf dieses geschichtlichen Wendepunktes.

Die anti-imperialistische Kampagne hatte ihren ersten Höhepunkt in den Wochen und Monaten nach der Ermordung von Benno Ohnesorg: der Kongreß in Hannover, die zunehmenden anti-imperialistischen Aufklärungs- und Aktionsrhythmen in der BRD begannen, die ihren erneuten äußeren Höhepunkt in den Tagen des Vietnam-Kongresses in West-Berlin fanden. Ca. 2 Monate später erfolgte der Attentatsversuch und eine erneute Welle von Aufklärung und direkten Aktionen folgte. Die meisten Genossen, besonders in der SDS-Führung, waren über das Attentat weniger überrascht als über die so direkt und unmittelbar sichtbaren breiten Gruppen von jungen Arbeitern und Angestellten, die da auftauchten und in den politischen Kampf eingriffen. Hatten sie eine religiöse Geburt, oder waren sie nicht viel mehr prozeßartig in den anti-imperialistischen Kampagnen ›geboren‹ worden?

Die erweiterten Kämpfe, erweitert in den verschiedensten Formen, welche in diesen Wochen objektive Berechtigung gehabt hätten, über mobilisierte Massenbasis verfügten, wurden nicht durchgeführt! Die subjektive Seite einer objektiven historischen Lage des Klassenkampfes wurde mißachtet, vernachlässigt und auf den Kopf gestellt. Und vergessen wir nicht, in dieser kurzen Zeit zwischen Februar und Mai 1968, hatte sich die Beteiligung der Militanten von jungen Arbeitern etc. besonders erweitert, - und das organisierte Sektierertum, wie wir es inzwischen in vielfältiger Gestalt vorfinden, hatte sich noch nicht gebildet, gerade weil der anti-imperialistische, anti-sektiererische und anti-autoritäre »Geist« des sozialistischen Motors in der BRD, des SDS, noch nicht liquidiert war, obwohl der Anfang vom ›Ende‹ nicht mehr unsichtbar war.

Zwar gehörte ich auch zu den Genossen und Genossinnen, die zwischen 1963 und 1968 die nir historisch zu verstehende, aber nicht zu rechtfertigende Einschätzung des fundamentalen Gegensatzes von der Klassenorganisation der *Räte* und der *Partei* hatten. Aber niemals wären meinen Freunden und mir die selbstzerstörerischen und liquidatorischen ›Ideen‹ der Selbstauflösung des SDS in den Kopf gekommen, von den vielen anderen grundlegenden Dummheiten dieser SDS-Führung ganz zu schweigen. Solche ›Dummheiten‹, ich kann es nur wiederholen, trugen objektiv einen konterrevolutionären Charakter. Herbst 1969 schrieb ich an A. Krovoza, »daß der SDS . . . immer unfähiger wird, die qualitativ veränderte gesellschaftliche Situation, ihre revolutionären Möglichkeiten und Notwendigkeiten organisatorisch und theoretisch zu erfassen.«

Wir, die anti-sektiererischen Elemente, müssen immer sorgfältiger auf die Bewegungen und Veränderungen schauen, und mögen manche auch noch so klein sein, die in der Welt des Imperialismus und Revisionismus im allgemeinen und in der BRD und West-Berlin im besonderen vor sich gehen.

Zu einem richtigen Zeitpunkt gilt es wieder, das schwächste Glied zu erkennen und zuzuschlagen. Solche politischen Schläge mit *all* ihren Inhalten sind nur erreichbar infolge objektiver Möglichkeiten und subjektiver Bereitschaft der organisierten Rebellen, die des langen Marsches der Entwicklung von Revolutionären und der Durchführung der Revolution sich immer tiefer bewußt werden. Der temporäre »Sieg« des Sektierertums kostet(e) uns Jahre, wenn wir diese Jahre aber richtig nutzen, so würde ein Grad von Reife entstehen in den anti-sektiererischen Richtungen, der mehr Widerstands- und Zerstörungskraft den Sektierern gegenüber hätte als je zuvor.

Nehmen wir die Marxschen Sätze 3/4/5 von der ersten Seite, der *Reife*-Begriff trägt Prozeßcharakter, von 1964 an nahmen immer mehr rebellische Studenten und *junge* Arbeiter, Angestellte, Schüler an den anti-imperialistischen Kampagnen teil. 1966/67 bekam die durch die Gewerkschaft etc. entpolitisierte deutsche Arbeiterklasse *»Angst«* vor der ›ersten‹ Krise. Die politischen Auseinandersetzungen im Lande, woran sie immer mehr beteiligt war durch ihr »junges Glied«, führten im September 69 zu »wilden Streiks«, die aber *noch nicht im geringsten eine politisch kämpfende Klasse zeigten.*

Eine dazu fähige Klasse entsteht aber objektiv immer deutlicher und wird subjektiv gehemmt durch die Existenz eines relativ breiten Lagers von sektiererisch-revisionistischen und sektiererisch-ultra-links-opportunistischen

Grüppchen. Einer der grundlegendsten Fehler mancher dieser Trüppchen ist auch das »Gegeneinander-Ausspielen« von »Arbeitern« und »Studenten«. Die »proletarisierten« »Kleinbürger«, um in ihrer Sprache zu sprechen, beseitigen ihre langen Haare, erscheinen mit Schlips u. a. m., um den Arbeitern »näher« zu »kommen«; sie begreifen nicht, daß sie sich von ihnen immer weiter entfernen durch solch ein verdinglichtes Verhalten.

Den sektiererischen Gruppen in der BRD ist es doch gerade u. a. infolge ihres historistisch auf die Arbeiterklasse »der 20er Jahre« zugespitzten und verfestigten Denkens nicht möglich, die neuen objektiven Möglichkeiten zu erkennen und zu behandeln. Der Reifwerdungsprozeß der unterdrückten Klasse war gegen 1968 noch lange nicht beendet, aber der *Prozeß* hatte begonnen ab 1964 und er schien etappenmäßig sich zu erweitern. Nun werden wir durch die verselbständigten Grüppchen gehemmt, auch die Klasse insgesamt. Gerade das, was Marx im Satz 5 sagt, hat sich erneut als neu zu bekämpfende »Wahrheit« erwiesen.

Mit solidarischen, anti-sektiererischen Grüßen
Rudi Dutschke

Der Empfänger dieses Briefes, Dieter Schütt, ist Herausgeber der in Hamburg erscheinenden Zeitschrift »Der Funke«, die sich sehr früh schon vom entstehenden Sektenwesen distanzierte. In der Eigenwerbung der Zeitschrift heißt es: »Ein ML-Organ ohne ›doppelte‹ Waschkraft. Kein Rotmacher.«

Schwierigkeiten mit Lenin

(Aus dem Tagebuch, Oktober 1973)

Bin wieder in West-Berlin. Quäle mich wieder an meinem Buch (Versuch, Lenin auf die Füße zu stellen, West-Berlin 1974) herum, das für mich eine Abrechnung mit den 20er Jahren sein soll. War es zuerst als eine Lukács-Kritik verstanden worden, so stellt sich im Laufe der Realisierung heraus, daß das nur möglich ist, wenn Lenin und sein Geschichts- bzw. Wissenschaftsverständnis in den Mittelpunkt der ganzen Sache gestellt wird. Lukács hat sich nach seinem Eintritt in die KPU kontinuierlich als Marxist in der Theorie, Leninist in der Praxis verstanden. Alle Wendungen, besonders auch das theoretische Rückzugsgefecht »Geschichte und Klassenbewußtsein« sind unter diesem widersprüchlichen Doppelcharakter zu verstehen. So ist natürlich danach zu fragen, wie Lukács die russische Entwicklung im allgemeinen und die Revolutionsgeschichte von 1905 und 1917 im besonderen rezipiert. Rosa Luxemburg wird dadurch viel weniger relevant für G. Lukács als es an der Oberfläche so häufig erschien.

Indem wir Lenin-Lukács im individuellen, Rußland und Ungarn im besonderen, aber die KI-Geschichte im allgemeinen reflektieren, wird für uns zentral das Leninsche und Lukács'sche Kapital-Verständnis auf der einen Seite und das Verständnis der asiatischen Produktionsweise und ihrer Geschichte auf der anderen. Unsere These ist, daß die russische Entwicklung einen *halb-asiatischen Strukturzusammenhang* trägt. Etwas, was von der Tatarisierung so wenig zu trennen ist wie von der türkischen Okkupation, über die es zur Herausbildung eines asiatischen Grundeigentums kommt.

Pro Patria Sozi?

(Über deutsche Nation und Sozialismus)

Vor mehr als zwei Jahren habe ich geschrieben: Die DDR lehnt das ›Offenhalten der deutschen Frage‹ ab, auf das sich SPD/FDP berufen - hier im verkürzten Bündnis mit der CDU/CSU. Richtig von der DDR ist daran die grundlegende Negation einer Restauration des Kapitalismus. Aber die DDR gab in dieser Auseinandersetzung mit der BRD sogar die sozialistische Wiedervereinigung zugunsten der »völkerrechtlichen Anerkennung« auf, das heißt unter anderem den Paragraphen 8 der DDR-Verfassung, der die sozialistische Wiedervereinigung zum politischen Grundprinzip erklärt hatte.

Hier sehen wir neben der überfälligen Anerkennung der DDR, neben den für die Menschen wichtigen kleinen Schritten, die aber auch nichts anderes sind, einen weiteren sozialistischen Rückschritt der DDR, einen weiteren Schritt zur Abhängigkeit der DDR von der UdSSR. Der BRD-Regierung wird die Chance gegeben, sich wie in Adenauers Zeiten als Bewahrer der »deutschen Nation« aufzuspielen. Die DDR hat mit ihrer kürzlich erfolgten Verfassungsänderung das ›Offenhalten der deutschen Frage‹ in der Tat beendet, jedenfalls von ihrer Seite, von einem bestimmten Parteistandpunkt aus. Diejenigen in der BRD, die seit Jahrzehnten die reale Wiedervereinigung schon aufgegeben haben zugunsten der nur durch soziale Revolution zu sprengenden Vereinigung mit dem anti-sozialistischen Kapitalverhältnis, können sich im Augenblick erneut als die einzigen Bewahrer der »deutschen Nation« gebärden.

Was ist in der Verfassungsänderung eigentlich geschehen? Die Parteiführung der SED hat, mit Sicherheit nach Absprachen mit der KPdSU-Führung, ohne jede sozialistische Massen-Diskussion eine Entscheidung getroffen. Was ist der besondere Inhalt dieses Beschlusses? Der Grundtenor ist die Eliminierung des Begriffs der »deutschen Nation«. Aus dem bisherigen »Sozialistischen Staat deutscher Nation« wurde ein fast geschichtsloser »sozialistischer Staat«. Der Sinn und Inhalt der ganzen Sache wird am deutlichsten in der Rede des stellvertretenden DDR-Außenministers Fischer vor der UNO: »Heute existieren auf deutschem Boden ein sozialistischer Staat, die Deutsche Demokratische Republik, in der sich die sozialistische Nation entwickelt, und die kapitalistische Bundesrepublik Deutschland, in der die kapitalistische Nation besteht.«

Also es gibt noch »deutschen Boden«, aber halt verschieden. Offensichtlich wird er mit qualitativ unterschiedlichen Düngemitteln bearbeitet. Darum ist der Begriff der »deutschen Nation« für die DDR überholt - so sagt es uns eine Partei, die die deutsche Geschichte so handhabt, wie sie der eigenen Rechtfertigung dient. Wir hören in der weiteren Begründung einen besonderen Ausdruck von Hochmut: Der »sozialistische Staat der Arbeiter und Bauern«, die DDR, habe »mit ihrer ganzen erfolgreichen Entwicklung« das übernommen, »was in der deutschen Geschichte groß, gut und fortschrittlich war«, darum sei die DDR »die wirkliche Heimstatt der besten Tradition der deutschen Geschichte«.

Wenn dem wirklich so wäre, hätte die Arbeiterklasse von West- Berlin und der BRD schon mit den Füßen abgestimmt, wären ich und viele andere Sozialisten und Kommunisten voller Reue und Selbstkritik in unsere »Heimat« zurückgekehrt. Wer die realen Verbesserungen des Lebensstandards der Arbeiter und Bauern in der DDR leugnet, dem ist nicht mehr zu helfen. Wer aber meint, daß diese Verbesserungen schon sozialistische Lebensqualität ausmachen, dem muß gesagt werden, daß er von Arbeiterkontrolle, Produzentendemokratie und der Marxschen Feuerbach-These, daß der Erzieher auch erzogen werden, also die Partei von den Massen kontrolliert werden muß, noch nichts gehört hat. Oder er hat gehört - und es wird ihm bange . . .

Bleiben wir noch einen Augenblick bei den »besten Traditionen« in der Geschichte der deutschen Arbeiterklasse. Das Programm der SED von 1963, das in den Jahren danach gerade in der »deutschen Frage« unverändert geblieben war, sagte über die Lösung der »nationalen Frage«: »Die SED hält unverändert an ihrem Ziel, der Wiederherstellung der nationalen Einheit Deutschlands, an der Überwindung der von den imperialistischen Westmächten im Komplott mit dem westdeutschen Monopolkapitalismus vollzogenen Spaltung, fest. Auch der Kampf für ein einheitliches, demokratisches und friedliches Deutschland gehört sei jeher, seit dem Wirken von Marx und Engels, zu den guten Traditionen der revolutionären deutschen Arbeiterbewegung.«

Diese wirklich gute, wenn auch schwache Tradition der revolutionären Arbeiterklasse Deutschlands, die trotz aller Abweichungen von Teilen der Arbeiterklasse keine Tradition des National-Chauvinismus der Bourgeoisie war, hat die SED liquidiert, jedenfalls in ihren eigenen Reihen. Daß diese echte Erbschaft von den *eindeutigen* Verfechtern der Freiheit des Kapitals (CDU-CSU) und den *zweideutigen* Verbesserern des Kapitalismus (SPD-FDP) nicht übernommen werden kann, ist klar.

Der Satz des Kommunistischen Manifestes, daß die Arbeiter kein Vaterland haben, daß ihnen nicht weggenommen werden kann, was sie nicht haben, wird in der Tat solange stimmen, bis die »Unterdrückten und Beleidigten« (Ernst Bloch) die politische und ökonomische Macht errungen haben. Solch ein befreites Land nicht zu besitzen, heißt aber nicht, keine eigene Geschichte zu haben. Marx und Engels haben den dialektischen Zusammenhang von »national« und »international« nie aus dem Auge verloren: »Obgleich nicht dem Inhalt, ist der Form nach der Kampf des Proletariats gegen die Bourgeoisie zunächst ein nationaler.«

Die internationale Verflechtung des Kapitalverhältnisses, die damit vermittelte Herausbildung von Fraktionen der internationalen Arbeiterklasse aus verschiedenen Ländern (bei uns: in der BRD und Westberlin) führen zwar zu wichtigen Modifikationen, beseitigen aber nicht die Geschichte der nationalen Besonderheit, die Dialektik der Ungleichzeitigkeit. Marx und Engels erkannten gerade deshalb, weil die nationale Bourgeoisie in vielen Ländern (von Irland bis Polen) unfähig war, das nationale Problem zu lösen, daß die Frage der *Selbstbestimmung* ein nicht zu überspringendes Moment des nationalen Klassenkampfes im internationalen Zusammenhang darstellt. Sie kämpften darum gegen jene Richtung in der deutschen Sozialdemokratie, die alle Formen des nationalen Kampfes als Angelegenheiten der Bourgeoisie denunzierte.

Engels sagt: »Nun ist es für ein größeres Land geschichtlich unmöglich, irgendwelche inneren Fragen auch nur ernsthaft zu diskutieren, solange die nationale Unabhängigkeit fehlt.« Die Gebundenheit der BRD an die NATO, die Gebundenheit der DDR an den Warschauer Pakt behindern die internationale Entspannung und die nationale Lösung. Der Kampf um die nationale Unabhängigkeit wird somit zu einem elementaren Punkt des sozialistischen Kampfes.

Unsere bisherige deutsche Tragödie, die noch immer auch eine der Niederlagen der deutschen Arbeiterklasse war, liegt gerade darin, daß wir uns von »oben« oder von »anderen« haben bestimmen lassen. Der Begriff der Selbstbestimmung ist bei uns noch immer auf einem unterentwickelt gehaltenen Niveau. Deshalb ist eine befreiende und nicht mehr reaktionär verklärende Identitätsfindung mit unserem Lande bisher so besonders schwer gewesen.

Im Prozeß des Erlernens des aufrechten Gangs in Richtung Freiheit mit Hilfe des politischen Klassenkampfes werden wir Sozialisten und Kommunisten es unvermeidlich lernen müssen, das Selbstbestimmungsrecht der »deutschen Nation« sozialistisch zu konkretisieren. Ich hoffe, daß die Genossen in der DDR dies als eine solidarische Kritik begreifen. Solidarische Kritik ist für mich freilich immer radikal.

Das wiedergewonnene Abenteuer

(Über die Gründe der Revolte)

Kommilitoninnen und Kommilitonen, meine Damen und Herren, Genossinnen und Genossen. Es macht schon einen eigenartigen Eindruck, daß einer der »ehemaligen« Rebellen-Häuptlinge der »Studentenbewegung« nun vor den heutigen Studenten von Clausthal-Zellerfeld und den zur Diskussion über die Perspektive der Kämpfe erschienenen Oberhäuptlingen der bundesrepublikanischen Studentenorganisationen eine Einleitung hält. Ganz zu schweigen davon, daß dieser Vorgang sich anläßlich des 200jährigen Bestandes der hiesigen Uni abspielt.

Nun, die Tafel ist voll besetzt, ich habe es gelernt, am großen Tisch so unzweideutig zu reden wie am kleinen. Man braucht sich nur das Festprogramm anzuschauen, dann weiß man, wie die führenden Kräfte in dieser Umgebung Geschichte verstehen und welchen Standpunkt sie haben. Es ist bezeichnend, daß in der offiziellen Rückerinnerung »Bergwerke ausgebeutet« wurden. Von den Bergarbeitern, deren Qual und Leiden durch die Ausbeutung ist nirgendwo die Rede. Vom Kaiser-Wilhelm-Schacht ist die Rede, aber nicht von den Klassenkämpfen der Bergarbeiter. Richtig, es ist ja alles längst vorbei - auf jeden Fall für die in den 20er Jahren aufgegebenen Schächte und Arbeitsplätze. Und die Arbeiter, die die Gegend zu wechseln hatten. Wenn sich aber eine Uni ihrer eigenen Geschichte und der dabei vor sich gehenden sozialen Prozesse zu erinnern versucht, so kann sich eine solche in der BRD, die die Rebellionsperiode mitgemacht hat, heute nicht mehr ohne weiteres leisten, nur mit einem und dann noch verblendenden Auge geschichtliche Wirklichkeit wahrzunehmen.

An der hiesigen Uni ist es noch möglich, mit einem eigenartigen Auge zu führen. Oder zu verführen? Allerdings drücken die AStA-Dokumente, soweit sie mir zugänglich waren, die Existenz alternativer Standpunkte schon aus. Der dadurch gegebene objektive Widerspruch und Spielraum bedarf einer politisch-aufklärerischen Mobilisierung. Etwas, was erfolgreich nur über die unmittelbaren und potentiellen Interessen der Studentenschaft vor sich gehen kann. Nicht durch künstlichen Proletkult, der mit der realen Sinnlichkeit der studentischen Welt nichts zu tun hat. Diese studentische Welt ist noch voll von vielen Illusionen, aber von dieser Realität hat die universitäre Aufklärung auszugehen.

Eins ist somit klar: solange Widersprüche in der eigenen Institution, im eigenen Arbeitsfeld gegeben sind, solange bedarf es des Kampfes um ihre Beseitigung. Jeder dieser Kämpfe kann ein Moment der sozialen Emanzipation werden, wenn er ein Glied in der Kette auf dem Wege der organisierten Umwälzung der spätkapitalistischen Gesellschaft darstellt. Das ist nur möglich im Rahmen der dialektischen Spannung von »radikaler Reform« und »sozialer Revolution«, von »Nah-Ziel« und »Fernziel«, von »Konkretem« und »Utopischem«. Jede Fetischisierung der Reform landet in der undurchschauten Unmittelbarkeit und muß in sie tendenziell versumpfen. Was anderes ist die gegenwärtige BRD? Eine CDU-CSU-Führung wäre geschichtlich noch rückständiger. Jede Fetischisierung der Revolution, die die Vermittlung von Reform und Revolution in der »modernen bürgerlichen Gesellschaft« des Untergangs und Übergangs nicht systematisch berücksichtigt für eine sozialistische Alternative, wird mit den Herrschenden zusammen untergehen. Nun, die Studentenrebellion der 60er Jahre ist tot - ohne jeden Zweifel. Aber das Ende einer Etappe heißt nicht, daß der Kampf um die Realisierung der Sache der sozialen Emanzipation im Rahmen der Uni-Möglichkeiten und Schranken nicht mehr vorhanden ist. Darum sage ich als These zu den Studenten der zweiten Hälfte der 70er Jahre: es lebe die Studentenbewegung, die sich ihrer verändernden Lage, Rolle und Funktion bewußt wird, um sich an bevorstehenden Klassen- und Lagerkämpfen angemessen beteiligen zu können. Denn der »Kampf geht weiter«, darüber kann doch die gegenwärtige Situation in dieser Gesellschaft nicht hinwegtäuschen. Werfen wir doch bloß einen Blick auf die internationale Szenerie.

Ja, der »Kampf geht weiter« - und da gab es am Grabe von

Holger Meins kein Mißverständnis von mir. Allerdings machte dieser isolierte Satz eine denunziative Interpretation leicht möglich. Und wie die Geier stürzten sich diejenigen darauf, die seit langem schon in dieser Hinsicht »hochqualifiziert« sind. Jeder, der meine Publikationen und Reden nur in etwa hat verfolgen können, der wußte, daß ich Geschichte als Geschichte von Klassen- und Lagerkämpfen verstehe und nicht als Geschichte von ›großen Persönlichkeiten‹, ›großen Entführungen‹, Attentaten usw. Ist ersteres eines der Grundpfeiler des Marxismus, so ist letzteres Ausdruck bürgerlicher Denkstrukturen. Und zwar des niedergehenden Bürgertums. Hat doch das revolutionär-aufsteigende noch dem K. Marx den Begriff des Klassenkampfes beigebracht. So wie diejenigen, die die gesellschaftlichen Verhältnisse durch Stadtguerilla-Aktionen sprengen wollen, sich primär mit den gesellschaftlichen Charaktermasken, den »großen Persönlichkeiten« der juristischen und politischen Maschine anlegen, ihnen gegenüber verdinglicht fixiert sind, so glauben die herrschenden Fetischisten der Sicherheit, die damit die bürgerliche Freiheit in den Eimer gehen lassen, durch einen Monsterprozeß in einem extra geschaffenen Kafka-Gebäude allen antikapitalistischen Widerstandskräften im Lande das Gruseln beizubringen.

Aber da kann ihnen schon heute gesagt werden, daß die verschiedenen und durchaus differenzierenden sozialistischen, kommunistischen, jungsozialistischen und jungliberalen Richtungen, die antikapitalistisch geworden sind, den Prozeß gegen die isolierte RAF genau verfolgen und gegen den juristischen Abbau demokratischer Grundelemente radikal protestieren werden. Ohne sich im geringsten falsch zu solidarisieren mit der RAF. Muß es uns doch mehr denn je primär darum gehen, die reale soziale Lage im Lande, die Sorgen, Nöte, Interessen, Bedürfnisse und Träume der Lohnarbeiter, Lohnabhängigen, Studenten usw. zum Grundkriterium sozialistischer Politik zu machen. In einer Phase sozial-ökonomischer Stagnation und tendenzieller politischer Spannung im Lande ist es von elementarer Bedeutung, den Lernprozeß des sich weiter anbahnenden Klassenkampfes systematisch vorzubereiten. Nicht mit Pistolen herumzuspielen, sondern sich die Waffe und Wissenschaft des Klassenkampfes als Lernprozeß in den Lohn- und Lebenskämpfen gegen das Kapital und seine Agenten im gesellschaftlichen Alltag anzueignen - das steht bei uns zur Debatte.

Das Klima der Rechtswendung im Lande ist nicht zu leugnen, aber es täuscht durch den realen Schein der Bundes- und Landesregierungen. Wenn wir uns die Stimmung und die Wahlen in den Betrieben und Universitäten anschauen, so können wir wahrscheinlich eher von einer vagen Linkswendung sprechen. In vielen Großbetrieben mehr als in Universitäten, wo linke Sektiererei temporäre Entpolitisierung in Teilen der Studentenschaft hervorgerufen hat.

Nun stecke ich schon in der unmittelbaren Gegenwart und Zukunft, aber eigentlich will ich doch die zweite Hälfte der 60er Jahre kritisch reflektieren. Jeder Rückgriff auf die Geschichte ist aber für einen kritischen Materialisten ein Nachdenken vom Standpunkt der Gegenwart mit ihren Tendenzen. Gegen jede Nostalgie und historische Träumerei von »alten Zeiten« ist solch ein Denken gerichtet. Wenden wir uns in diesem Sinne der Vergangenheit zu. Das Hauptproblem dabei ist, danach zu fragen, was für ein Ton, welcher Geruch sich damals gesellschaftlich ausbreitete.

Wer sich nur daran erinnert, wie verhängnisvoll es für die deutsche Arbeiterklasse 1918 bis 1945 war, daß die Arbeiterparteien die Klasse nicht darauf vorbereitet hatten, die Riesenmaschine der Wirtschaft in die Hand nehmen zu können, der wird das für die Gegenwart natürlich einsehen. Daß dabei der *neue Typus der Intelligenz,* die ökonomische und technische, für den heutigen Wirtschaftsablauf an Bedeutung zugenommen hat, ist ohne jeden Zweifel. Ein Prozeß, der schon in den 20er Jahren begonnen hat - in der Gegenwart durch Industriesoziologie und Industriepsychologie ergänzt wird - wird damit die Relevanz der Arbeiterklasse von mir in letzter Konsequenz bestritten? Natürlich nicht. *Das revolutionäre Subjekt* ist durch die Veränderungen im Arbeitsprozeß komplexer geworden. Es ist ohne die *Arbeiterklasse* nicht zu denken, erschöpft sich aber weniger denn je darin. So wie der historische Umwälzungsprozeß der Produktion die »Relativität der Arbeit« (M. Prucha) unter kapitalistischen Bedingungen konstituiert, so begründet er die Relativität der Arbeiterklasse und schafft die neuen Bündnispartner für die Negation der herrschenden Verhältnisse.

Die Auswirkungen dieser Vorgänge auf die unruhigen Universitäten waren von denen, die mit der Rebellion begannen, nur äußerst diffus wahrgenommen worden. Die Vermittlung von Veränderungen im industriellen Arbeitsprozeß und Veränderungen bezüglich der gesellschaftlichen Rolle und Funktion der Wissenschaft und Technik in den Universitäten und technischen Hochschulen konnten von uns nicht wirklich wahrgenommen werden. Unsere studentische Daseinslage ließ das noch gar nicht zu. Das sich technokratisierende und verwissenschaftlichende Kapitalverhältnis war uns noch ein Rätsel.

Was hat sich eigentlich zwischen 1963/64 und 1966/67 an den Unis abgespielt? Zuerst muß daran erinnert werden, daß die ›Überbelastung‹ durch die sich erweiternde Studentenschaft einen rapiden Anfang nahm. Die End- und Nachkriegsgenerationen begannen sich besonders zu melden. Das war nicht verwunderlich, viel verwunderlicher war für viele Studenten, daß die »große Aufstiegsperiode« für die BRD keine einzige neue Universität gezeugt hatte. Nun ja, die Restaurationsperiode der CDU/CSU stand dem Kapital nahe und neue Anforderungen von seiten der Industrie waren noch nicht direkt gestellt worden.

Die einzige Uni-Neugründung nach dem Ende des 2. Weltkrieges war die der FU in Westberlin. Jene antikommunistisch begründete Alternative zur Humboldt-Uni in Ost-Berlin. Wenden wir uns der FU zu. Im Kontext des sich entfaltenden »Kalten Krieges« wurde sie finanziell und ideologisch für lange Zeit von der US-Regierung gestützt. Eigenartigerweise erfolgte an dieser und keiner anderen der erste rebellische Durchbruch. War das nicht doch ein von Ost-Berlin lanciertes Unternehmen? An platten Denunziationen solcher Art hat es nicht gemangelt, wir werden uns später dennoch ihnen widmen.

Auf den ersten Blick trug die Struktur der FU einen ähnlichen Charakter wie die westdeutschen Universitäten. Die vermeintliche Einheit von Forschung und Lehre, die besondere Beziehung von Lehrenden und Lernenden und die sogenannte »akademische Selbstverwaltung« standen im Mittelpunkt. Waren diese Beziehungen und Verhältnisse schon Anfang der 60er Jahre ambivalent, so gerieten sie am Anfang der zweiten Hälfte der 60er Jahre in eine Zerreißprobe. Gerade infolge der Vermassung und Vereinzelung an der Uni wurde der Mythos des Verhältnisses von Lehrenden und Lernenden usw. transparent. Aus dem elitären Verhältnis wurde ein unvermitteltes, gewissermaßen eine Verhältnislosigkeit. Die Professoren waren immer weniger in der Lage, den einzelnen Studenten kommunikativ wahrzunehmen, ihm in seinem Lernprozeß wirklich behilflich zu sein.

Was bedeutete das nun für die Studenten? Um das in etwa beantworten zu können, ist es unerläßlich, etwas über die soziale Daseinsgeschichte derselben zu verlieren. Der größte Teil unserer Generation kam sozial aus dem Bildungs-, Groß- und Kleinbürgertum. Eine Schichtung, die trotz gewisser Modifikationen wohl auch noch gegenwärtig dominierend ist. Der Anteil aus der Arbeiterklasse ist weiterhin gering, wohl besonders wieder infolge der neuen Krisenperiode. Unsere Generation war, wie die vor uns, mit traditionellen Bildungsansprüchen in das Studium eingetreten. Das hätte aber allein eine Fortführung der »klassischen« deutschen Universität garantieren können. Diese war aber schon im Mülleimer der Geschichte untergegangen bzw. war direkt dabei. Vereinzelung und Entfremdung waren in unserer Generation nicht mehr abstrakte Begriffe, die mit der unmittelbaren Wirklichkeit und Sinnlichkeit nichts zu tun hatten. Sie drückten sie vielmehr aus. Und dennoch ist der universitäre Begriff der Entfremdung nicht zu identifizieren mit der Entfremdung, die der Arbeiter in seiner Existenz als Ware Arbeitskraft erfährt. Wie universitäre Belastung nicht mit einer industriellen Belastung, die über die Ausbeutung vermittelt ist, gleichgesetzt werden darf. Die fundamentale Differenz zwischen Arbeitern und Studenten läßt sich bis heute noch immer über die Spaltung von primär körperlicher Arbeit und primär geistiger Arbeit festmachen. Infolge dieser in der bürgerlichen Gesellschaft fest gewordenen Arbeitsteilung konnte sich das bürgerlich-intellektuelle Bewußtsein der Universitäten einbilden, sich jenseits des gesellschaftlichen Seins mit seinen »Ideen« zu bewegen. Dabei drückt

Bewußtsein nichts anderes aus als »bewußtes Sein« (Marx), in welcher Tiefe oder Flachheit und Borniertheit auch immer. Und dieses jeweilige »bewußte Sein« wird begründet durch das je spezifische soziale Da-Sein.

Werfen wir einen Blick auf das Studentisch-Intellektuelle. Dieses Da-Sein war in historischer Rekonstruktion ein Abenteurer-Dasein, wie das des Odysseus. Odysseus war Repräsentant des revolutionären Bürgertums im Prozeß des untergehenden Feudalismus und des aufsteigenden Kapitalismus. Das war noch eine reine Männergeschichte. Wo zwar die weiblichen Sirenen wie immer das Ziel der Lust sind, aber noch als Todes- und nicht als Lebens-Figuren in Erscheinung treten: Die Lebenssehnsucht wird als Todessehnsucht rationalisiert. Im Epos ist es nicht von ungefähr, daß Odysseus sich als »Hörender« und Genießender am Mastbaum fesseln läßt, um nicht dem Gesang der Sirenen in dieser Gegend des Meeres zu verfallen. Als er in ihre Nähe kommt, von ihnen hört, wollte er unmittelbar in ihre Arme, um seine Träume zu realisieren. Aber er hatte sich schon vorher ›klugerweise‹ festbinden lassen. Lust und Masochismus fallen hier zusammen. Ihr Schiff kann nicht zu den Sirenen fahren, »denn die rudernden Gefährten mit Wachs in den Ohren sind taub nicht bloß gegen die Halbgöttinnen, sondern auch gegen den verzweifelten Schrei des Befehlshabers« (Horkheimer-Adorno, Dialektik der Aufklärung). Die körperlichen Arbeiter der bürgerlichen Urgeschichte wurden im Epos schon von Wissen, Forschung, Hören und Lust so weit wie möglich ausgeschaltet. Müssen sie doch gerade während der Fahrt in der Sirenengegend in den Schiffsrumpf, der symbolisch das spätere Fabrik-System ausdrückte. Interessant ist, daß der damalige Befehlshaber des Schiffes als einziger mit »verzweifeltem Schrei« bei den Halbgöttinnen landet. Was ist das anderes als der Untergang des Feudalismus und der Aufbau der widersprüchlichen Einheit von geistiger und körperlicher Arbeit, während des Anfangs des Kapitalismus?

Nun ist der Kapitalismus schon seit langem nicht mehr am Anfang, er wiederholt noch immer sein Ende. Es ist aber das Ende - und nichts anderes. Und gerade am Ende sind immer Momente des Anfangs zu finden. Das odysseische Dasein des Abenteuertums schien schon längst vorbei zu sein, als es

›plötzlich‹ wieder auftauchte. Und in einer ganz neuen historischen Situation. Damit meine ich die Studentenrevolte in der zweiten Hälfte der 60er Jahre. Wie das Kapitalverhältnis die Trennung von geistiger und körperlicher Arbeit vorangetrieben hatte, so begann dasselbe in seiner »rationalen« Naturwüchsigkeit an die Auflösung und Neubestimmung der Trennung heranzugehen. Und hiermit meine ich die sich damals anbahnenden Veränderungen der inneren Struktur und der Rolle und Funktion der Universitäten für das gesamtgesellschaftliche Kapitalinteresse. Die »erste Generation der ›Hochschulrevolte‹ «, um mit Peter Brückner zu sprechen, war in ein nicht durchschautes Doppelspiel hineingeraten. Die neuen Ansprüche des technokratisch-wissenschaftlichen Kapitalverhältnisses an die Uni, an die Studenten, an die Wissenschaft als Produktivkraft usw. fielen langfristig durchaus mit der studentischen Rebellion gegen die Ordinarienhierarchien objektiv zusammen. War damit die Rebellion schon seit Beginn ein grundlegender Fehler? Natürlich nicht.

Die Jahrhunderte andauernde Ghettoisierung der Uni hatte bis in die Gegenwart durchgehalten. Wie konnte das durch eine isolierte Rebellion mit gesamtgesellschaftlichem Geplänkel in kurzer Zeit anders werden? Diese Etappe war ein erster tiefer Anschlag, konnte aber niemals siegreich sein. Die eigene soziale Lage der Studenten, ihr Interessenspektrum und die Gesellschaftsstruktur im allgemeinen verhinderten, und verhindern trotz mancher Modifikationen noch heute eine echte Einheit von körperlicher und geistiger Arbeit, von Arbeitern und Studenten.

Anläßlich der 200-Jahr-Feier der Technischen Universität Clausthal-Zellerfeld 1975 hielt Rudi Dutschke diese Rede, die hier gekürzt wiedergegeben ist. - »Der Kampf geht weiter«: diesen Satz sagte Rudi Dutschke am Grab von Holger Meins. Meins war am 9. November 1974 in der Strafanstalt Wittlich/Eifel an Entkräftung gestorben - nach achtwöchigem Hungerstreik, dem dritten der Gefangenen aus der ›Roten Armee Fraktion‹. Obwohl für Meins Lebensgefahr bestand, unternahmen die Anstaltsärzte nichts.

Sozialistische Tragödien bewältigen!

Erinnerung

Ist aus der Oktoberrevolution in den Jahren und den Jahrzehnten danach durch die Niederlage und Tragödie der internationalen Arbeiterklasse und durch die realen Vorgänge in der UdSSR eine Komödie, eine Farce von »proletarischer Revolution« geworden? Kann man nicht inzwischen von einem hemmenden Relikt, vom »Betrug des Jahrhunderts« (Glucksmann) sprechen? Machen wir es uns nicht zu einfach. Dennoch darf uns nichts daran hindern, in der Etappe der *Sühne,* um mit Tolstoj zu sprechen, in der Etappe der begonnenen Renaissance des kritischen Materialismus und der Klassenkämpfe der Arbeiterklasse mit ihren neuen Verbündeten gerade die SU genauestens zu analysieren. War es schon am Ende der 20er Jahre und erst recht in der Mitte der 30er Jahre problematisch, die SU als »Vaterland aller Werktätigen« zu begreifen, so ist es eine traurige Komödie, wenn die DKP-Führung in unseren Tagen »ungebrochen« die »Führung der KPdSU« preist und gleichzeitig vernebelnd »von einem freiwilligen internationalen Kampfbund von Gleichgesinnten« spricht. Die italienischen, spanischen und französischen Kommunisten wissen schon, warum sie den Führungsanspruch der KPdSU strikt ablehnen und die kompromißlerischen, an die KPdSU bindenden Taktik-Vorschläge der SED bezüglich eines Treffens der kommunistischen Parteien bisher ablehnten.

Zum Verhältnis von Idealismus und Materialismus

Es ist erschreckend und beschämend, aber wahr, daß konservative, bzw. reformerische Idealisten wie Solschenizyn und Sacharow an Wirklichkeitserfassung der SU-Verhältnisse zwischen den 30er Jahren und der Gegenwart mehr zu bieten haben, als die »Materialisten« der KPdSU, der DKP etc. Wären die kritischen Materialisten ohne die Arbeit von

Roy A. Medwedew »Die Wahrheit ist unsere Stärke«, so müßten wir uns davor hüten, ohne Selbstkritik auch nur ein Wort zu sagen. Die Kraft und Stärke dieser politisch-historischen Arbeit über die Entstehung und die Geschichte des halbasiatischen Staats-Sozialismus der Repression und Unterdrückung (»Stalinismus«), die nach der Analyse von Trotzki über »Die verratene Revolution« der erste wesentliche materialistische Beitrag ist, gibt uns trotz so mancher sozial-ökonomischen und begrifflichen Unklarheit die wichtigsten Grundelemente, um das Buch von Sacharow angemessen würdigen und kritisieren zu können. Man vergleiche bloß die Ausführungen in Sachen NKWD-Isolationshaft usw. bei Sacharow und die so wichtige Dokumentation von »amnesty international« über die Lage der Gefangenen in der SU mit der Medwedew-Analyse über die sich deformierende Oktoberrevolution, über den sich durchsetzenden »großrussischen Chauvinismus« mit Unterdrückung der nationalen Minoritäten. Die tiefe Ähnlichkeit und Kontinuität ist fatal. Auf der anderen Seite wäre es ein großer Fehler, die historisch-spezifischen Differenzen unbeachtet zu lassen. Ich stimme mit meinem Freund Heinz Brandt in den breitesten Zusammenhängen und Einschätzungen überein. Allerdings meine ich, daß Sacharow nicht nur erschrocken wäre, ein Sozialist genannt zu werden, er ist keiner. Warum nicht? Die soziale Emanzipation der »Unterdrückten und Beleidigten« (E. Bloch) mißachtet nicht die Erbschaft der bürgerlichen Revolution, der sozialistische Standpunkt erschöpft sich aber nicht darin. Sacharow fordert in seinem Lande radikale menschliche Rechte für die Lehrer, Mediziner, Intellektuellen, Arbeiter, Alten usw., aber das Verhältnis von Kapitalismus und Sozialismus ist für ihn entschieden: den Weg Amerikas gehen. Dadurch werden die Forderungen der Erbschaft der bürgerlichen Revolution, die jedem Sozialisten und Kommunisten verflucht viel wert sein müßten, in die falsche Richtung getrieben. Diese problematische Abweichung des Bürgerrechtlers in einem Lande ohne bürgerliche Erbschaft kann uns aber nicht daran hindern, seine Gesellschafts-Phänomenologie der SU ernst zu nehmen: »Verzweifelte Menschen belagern die großen Wartezimmer der hohen Beamten und Funktionäre, von wo viele von ihnen - besonders die Zudringlichen - geradewegs in psychiatrische Kliniken abgeführt werden.« »Amnesty international« legt konkrete Aussagen von Gefangenen vor, aus besonderen Nervenheilanstalten, die offensichtlich die Aufgabe haben, jedes politische Oppositionselement eliminieren zu können, die menschliche Persönlichkeit insofern zu zerbrechen. Daneben wird in dieser Dokumentation der sexuelle Sadismus der Behandlung von vermeintlichen »Irren« durch NKWD-Mediziner und Knechte deutlich. Und darüber muß sich die DKP-Führung im besonderen äußern.

Kritisch-materialistischer Kampf um die konkrete Wahrheit, und sei das Resultat noch so dreckig

Um die Kontinuität und Differenz der Mißachtung, der Verhöhnung von Menschenrechten in der SU historisch angemessen einordnen zu können, müssen wir den bisher eigentlichen Höhepunkt (1937 - 38) der Negation von Menschenrechten und sozialistisch-kommunistischer Befreiung deutlich machen, Sacharows Buch kann über Medwedew klarer werden: »Ein NKWD-Oberst zwang jeden Gefangenen, der zum Verhör gebracht wurde, gleich ein mit seinem Urin gefülltes Glas leerzutrinken. Weigerte sich der Gefangene, wurde er gleich an Ort und Stelle getötet. Suren Gasarin berichtet, was Soso Buachidse widerfuhr, dem Kommandeur einer Georgischen Division und Sohn eines Helden der Revolution. Als er die verlangte Aussage nicht machen wollte, schnitt man ihm den Leib auf und warf ihn sterbend in die Zelle.« Oder der Parteifunktionär Drobinskij sagte: »Es war Ljubowitsch, Altbolschewik, stellvertretender Vorsitzender im Rate der Volkskommissare der Republik. Vorsitzender vom Gosplan. Er hatte der ersten, von Lenin gebildeten Regierung angehört . . .

Nun lag er hier auf dem Boden, man prügelte ihn mit Gummischläuchen, und er, ein 60 Jahre alter Mann, schrie ›Mama!‹ « Noch eins: »S. O. Sasarian berichtet, der georgische Kommunist David Bagration sei fünfzehn Nächte hintereinander gefoltert worden, ehe er zusammenbrach und unterschrieb. I. R. Alexachim erzählt, daß ein Funktionär aus dem Volkskommissariat für Schwerindustrie einige Monate aushielt. Doch als man ihn allein in eine Zelle warf, in der Wasser stand und wo es von Ratten wimmelte, trommelte er an die Tür und schrie: ›Barbaren! Schreibt was ihr wollt‹ und unterzeichnete.«

Medwedew geht so weit zu sagen: »Es ist ein grausiges Paradox, daß die in der UdSSR lebenden westdeutschen Kommunisten starben, während die meisten jener, die 1937 - 1938 in den Kerkern ihrer Heimatländer saßen, am Leben blieben.« Hoffentlich wird ihm nun nicht unterstellt, den deutschen Faschismus etc. zu verteidigen. Eine Frage sei gestattet: hätte Lenin, der 1922 von der »halbasiatischen Kulturlosigkeit« im Lande sprach, die Übernahme der »alten Staatsmaschine« zaristischer Tradition beklagte, zum »gigantischen Widerstand« gegen die bürokratische Maschine aufrief, die Jahre 1937/38 als höchsten Stand der Kulturentwicklung Rußlands bestimmt?

Der Altbolschewik A. W. Snegow schrieb in einem »Offenen Brief an Mao Tse-tung«: »In den 17 Jahren, die ich in Stalins Lagern und Gefängnissen verbrachte, ist mir kein einziger Konterrevolutionär vor Augen gekommen.« War er blind gewesen? Oder ist die Verblendetheit der Angesprochenen in reale politische Blindheit umgeschlagen? Ich habe keinen Grund, einem Alt-Bolschewiken mit 17jähriger sinnlicher Erfahrung zu mißtrauen, ich habe vielen Grund und genug Erfahrungen, um den DKP- und KPD (Jung)- und KPD-ML-Führungen zu mißtrauen. Durch Methoden der Verklärung, Halbwahrheit und Lüge wird die Widerstandskraft gegen die herrschenden Verhältnisse nicht gestärkt, sondern unterminiert. Darin lag die regressive Stärke der repressiven Maschine unter der Führung von Stalin. Durch den 20. Parteitag kam es drei Jahre nach dem Tod von Stalin zu *gewissen,* wenn auch sehr beschränkten Klärungen über die Terror-Perioden und die Liquidation von Hunderttausenden von Arbeitern, Bauern, Intellektuellen, Kommunisten usw. Eine volle Offenlegung der konkreten Wahrheit war offensichtlich nicht möglich, die ganze Führungsmaschine hätte gewissermaßen durch proletarische Justiz verurteilt werden müssen. Bis hin zu Chruschtschow. Und wo wäre eine proletarische Justiz gewesen? Nirgendwo!

Wenn eine Arbeiterklasse jahrzehntelang entmündigt

wurde, so bedarf es des Prozesses der Wiedergewinnung von Geschichts- und Klassenbewußtsein in der Arbeiterpartei, bedarf es eines neuen Verhältnisses zwischen Arbeiterklasse und Arbeiterpartei. Es galt die systematisierte Lüge abzubauen und sich der Wahrheit endlich wieder zu nähern. Ein komplizierter Prozeß, besonders in einem Lande, in welchem die Bolschewiki es nie erreichten, die Parteimaschine von der Staatsmaschine zu separieren, um mit Hilfe der Arbeiter und Bauern die Staatsmaschine tendenziell unter Kontrolle zu bekommen und am tendenziellen Absterben des Staats zu arbeiten.

Stellen wir die Frage: können aus *nicht* stattgefundenen Prozessen gegen die Verbrecher in Staats- und Parteimaschine gegen die Interessen der Werktätigen Mut, Vertrauen, Aktivität der Massen entstehen? Ohne Prozesse und eindeutige, nicht erpreßte Selbstkritik wird es keinen wirklichen Fortschritt geben. *Der 20. Parteitag war ein Fortschritt der Halb-Wahrheit, Breschnew ist hinter ihn nicht zurückgefallen, und das ist was wert, bleibt aber hinter dem Gang des internationalen Sozialismus und Kommunismus zurück.* Ist doch dieser mehr denn je dabei, die Lügen und Halbwahrheiten der Konterrevolution zu überlassen und in der konkreten Wahrheit die politische Möglichkeit zu sehen, die breiteste Unterstützung und Absicherung der Massen zu erhalten.

Sacharow klingt einsichtig: »Obwohl die Lautsprecher jeden Tag dem einfachen sowjetischen Bürger einhämmern, daß er der Herr seines Lebens ist, so begreift dieser doch völlig, daß die wirklichen Herren des Landes jene sind, die morgens und abends in gepanzerten, schwarzen Limousinen durch ausgestorbene und abgesperrte Straßen dahinjagen. Er hat nicht vergessen . . . Großvater entkulakisiert . . . enteignet . . . und er weiß, daß auch heute noch sein persönliches Schicksal völlig vom Staat abhängt, von unmittelbaren oder mittelbaren Vorgesetzten . . . und möglicherweise von dem mit ihm Schulter an Schulter arbeitenden Informanten des KGB.« Daß den Werktätigen unter solchen Bedingungen die »Wahlen ohne Wahl« eine Erniedrigung sind, eine Entpolitisierung verursachen - ist das so wenig einsichtig? Sacharow nennt es eine »Verhöhnung des gesunden Menschenverstandes und der menschlichen Würde. Und doch: er wird dressiert, und er läßt sich dressieren, um zu leben.« Als ich das las, kam mir sofort der Leninsche Satz vom »asiatischen Hohn auf die Persönlichkeit« durch den Zarismus in Erinnerung. Ja, es gibt eine Kontinuität, aber erst recht eine Differenz. Nur diejenigen, die die historischen Wellen der Armut der Bauern und Arbeiter im 19. und 20. Jahrhundert nicht verfolgt haben, können davon quatschen, daß die heutigen Verhältnisse in der SU schlimmer sind als zur Zeit des Zarismus. Wie auf der anderen Seite die Kontinuität der Knechtschaftsverhältnisse in diesem Lande, den »Hohn auf die Persönlichkeit« nur diejenigen mißachten können, die weder die revolutionären Sprengungen dieses Hohns, noch die Metamorphosen der alten Scheiße in höherer Form nach der Erniedrigung und Zerstörung der Ziele der Revolution nicht sehen wollen. Solschenizyn und Sacharow haben diese revolutionären Durchbrechungen des Hohns nie gesehen oder anerkannt, vertrauen darum fälschlicherweise auf einen amerikanischen Weg. Und begreifen nicht, wie die Zersetzung der Menschenrechte in den größten Teilen der Welt täglich vor sich geht, und Amerika beileibe nicht ausgeschlossen ist. Heinz Brandt weist richtigerweise auf den Satz hin: Die Internationale erkämpft das Menschenrecht. Wenn es nun aber seit Jahrzehnten keine Internationale der Arbeiterklasse mehr gibt, wenn diese Klasse und Kommunisten und Sozialisten verschiedenen Typus keine Einheit der Brüderlichkeit-Schwesterlichkeit darstellen, wie sollen dann die Menschenrechte besser abgesichert werden? Daran zu arbeiten ist unsere Aufgabe, die Spaltung der Arbeiterklasse zu durchbrechen ist unerläßlich. Aber nicht über den »guten Willen«, sondern durch schwere Erfahrungen in den Klassen- und Lagerkämpfen wird das vor sich gehen können.

Ein Wort zum Verhältnis von Frieden und Krieg

Ein Krieg in Mitteleuropa würde uns mit Sicherheit diesbezüglich in die Eiszeit zurückwerfen. Und nun komme ich zu einem besonders heiklen Punkt des Sacharow-Buches: »Es gibt keinen Zweifel daran, daß wir nicht die höchste Arbeitsproduktivität der Welt haben; es besteht nicht einmal die Aussicht, in absehbarer Zeit die entwickelten kapitalistischen Länder einzuholen. Was wir haben, ist eine dauernde Militarisierung der Wirtschaft, in einem Ausmaß, das für Friedenszeiten unerhört hoch, für die Bevölkerung schwer zu tragen und für die ganze Welt gefährlich ist.« Ist Sacharow ein Anhänger der KPCH? Aus dem Buch ist es nicht zu entnehmen.

Er sagt eigentlich nur etwas, was Brecht als kritischer Materialist und Schüler von Karl Korsch vor dem Angriff des deutschen Faschismus auf die SU so formulierte: »Durch die Rüstung ist das russische Proletariat notwendigerweise schwer zurückgeworfen worden.« Sozialistische Produktion und Rüstung stehen sich gegenüber wie Jesus und der Teufel. Wenn der Teufel dominiert, und aus besonders uneinsichtigen Gründen, so bleibt vom Sozialismus schwer was übrig. Oder?

Es ist ein makabrer Witz, wenn die KPdSU-Führung von einer Steigerung der Schwer- und Rüstungsindustrie für 1976 von 4% spricht und die Konsumgütererhöhung mit 2,7% abgefertigt wird. All das reicht aber nicht aus, der SU »Kriegsgelüste« für Mitteleuropa zu unterstellen. Wenn Strauß und Dregger wieder an die Hebel der Macht kämen, wäre ich mir der Gefahren von denen und deren Kapital-Agenten viel sicherer. Daß die SU für die Sozialisten und Kommunisten in Westeuropa dennoch ein gefährlicher Brocken ist, hat der Führer der Kommunistischen Partei Spaniens, der Genosse Carrillo, mal so formuliert: »Wenn die italienischen Kommunisten in die Regierung eintreten, wenn in Spanien die Linke vorankommt, wenn in Portugal die Konterrevolution scheitert, dann wird ganz Westeuropa zum Bezugspol der Weltarbeiterbewegung.« Und eine seiner Schlußfolgerungen ist: »Wir können nicht ignorieren, daß dies in Moskau mit Sorge betrachtet wird . . . Kein Zweifel, daß die Volksdemokratien mehr und mehr auf die europäischen Sozialismus-Modelle blicken werden.«

Das ist weitblickend und realistisch, bedarf aber von Etappe zu Etappe der besonderen Analyse. Die Bemerkungen über Kriegsgefahren will ich aber hier erst mal abbrechen, und nach den erfolgreichen oder dahinvegetierenden Verhandlungen über Abrüstung in Mitteleuropa sollten die

Sozialisten und Kommunisten das Verhältnis von Frieden und Krieg nicht mehr so abtun wie gegenwärtig. Ohne jemals in den Vaterlandsverteidigungsbetrug zu gehen.

Verschiedene Tendenzen in SU und DDR

Es gibt z. B. sich gegenüberstehende Tendenzen der SU und z. B. in der DDR. Der KGB-Chef Andropow sagte: »Der Westen schiebt uns bourgeoise Ideen unter und versucht, kapitalistische Sitten und Bräuche in unser Milieu einzuführen.« Dagegen sagt »Literaturnaja Gaseta« (Literaturzeitung), die wichtige Kraft der (offiziellen) Ohnmacht der Intelligenz, über den »demokratischen Pluralismus« in Portugal: »Licht am Ende des Tunnels«. Wie sehr sich das auf die sowjetischen Verhältnisse bezieht, kann nur ein Idiot übersehen. Wie diesbezüglich die offizielle Macht-Linie ist, sagte uns die DDR vor kurzem im Radio: »Pluralistische Demokratie ist nichts anderes als Kapitalismus.« Die »Freiheit des Andersdenkenden« (Rosa L.) darf also offensichtlich noch immer nicht nach vorne kommen, muß noch immer denunziert werden.

Aber die fast vollbrachte Zulassung einer Reise des Genossen Wolf Biermann nach Offenbach zu einer anti-frankistischen Veranstaltung und die vor kurzem erfolgte Veröffentlichung der Erzählung des Genossen Volker Braun in »Sinn und Form«, die »Unvollendete Geschichte«, weisen darauf hin, daß die demokratischen Elemente sozialistisch-kommunistischen Typus innerhalb und außerhalb der KPdSU und der SED an Widerstandskraft gewonnen haben, - ohne diese kleinen Punkte im geringsten hochzujubeln. Dazu gibt es keinen Grund. Volker Braun läßt aber nicht umsonst die Karin in seinem Text über das Buch von Plenzdorf sagen, an den *Kern* des Problems für den Menschen in der DDR ist er nicht vorgestoßen, an ihn vorstoßen, beinhaltet nämlich einen inneren Riß durchzumachen. Es kommt zu dem eigenartigen Telefongespräch zwischen Karin und ihrer Mutter. Der Bruch zwischen Vater und Tochter, der Bruch zwischen Parteimitglied und Oppositionellem wird aufhebbar: Karins Mutter sagte, »der Vater sei eben wieder losgegangen, in die Kneipe, wo er mit allen möglichen Leuten sitze und sich unterhalte ... Es sei mit ihm was vorgegangen, sie verstehe es nicht. Sie wisse nicht, was noch alles werde. Er sei zu etwas fähig, was sich keiner denkt.« Die Stasi der DDR, die Parteiführung und viele Mitglieder und die außerparteiliche Opposition stehen in Diskussion darüber.

Warum ich das hier erzähle? Ganz einfach. Weber von der DKP-Führung hat vor wenigen Wochen in äußerst denunziativer Weise die Genossen Havemann, Biermann und den Bürgerrechtler Sacharow als Einheit und ohne jegliche Differenzierung zu Agenten des Kapitals ernannt und schamhaft beleidigt. Eins war aber daran richtig, er hat die verschiedenartige Opposition als Einheit gesehen. Muß das aber nicht gerade für uns in der BRD und West-Berlin bedeuten, im Rahmen einer Diskussion über die SU und Sacharow die Diskussion über die DDR, Biermann, Havemann, Braun usw. nicht aus dem Auge zu verlieren? Und die Elbe ist uns durchaus näher als die Wolga.

Mit diesem Text beteiligte sich Rudi Dutschke an einer Diskussion über den Fall des sowjetischen Dissidenten Andrej Sacharow, die sich über mehrere Nummern der Zeitschrift ›das da‹ erstreckte. Das Buch Sacharows, das im Text mehrmals genannt wird, hat den Titel: »Mein Land und die Welt« (Wien/München, 1976).

Rudi und Polly Dutschke, im Garten der Gollwitzers (1972)

Die Internationalisierung der ›Stammheime‹

(Rede auf dem Pfingstkongreß des ›Sozialistischen Büros‹, Juni 1976 in Frankfurt)

Unklare Phantasie, fast Phantasterei, viel Träumerei und wenig konkret-utopischer Real-Traum sind in so manchen Beiträgen zu hören gewesen. Darum scheint es mir notwendig zu sein, von dem den Rahmen der objektiven Möglichkeit phrasenhaft überschreitenden Schwung in den realen Dreck der gesellschaftlichen Tendenzen zurückzukehren. Um überhaupt ermessen zu können, was die konkrete Negation der Verhältnisse bedeutet.

Die Internationalisierung der Stammheime, der Repression, des Versuchs der Brechung von Widerstand in so vielen Ländern mit verschiedenen gesellschaftlichen Namen ist so deutlich wie die Schwäche der internationalen Solidarität. Ganz zu schweigen von dem extrem unterentwickelten Klassenkampf auf deutschem Boden. Stellen wir uns die Frage: ist nach den Verträgen von Helsinki, den Erklärungen der herrschenden Regierungen in den einzelnen Ländern eine Zunahme der realen und nicht formalen Beachtung der Menschenrechte spürbar geworden? Ist die Entspannung gewachsen oder kann eher von einer tendenziellen Zunahme der Spannung die Rede sein? Amnesty international hat gewissermaßen schon eine Antwort auf diese Fragen gegeben. Eine Zunahme und nicht Abnahme der vollen Anerkennung der Menschenrechte wird konstatiert. »Erst kommt das Fressen und dann die Moral«, diese Brechtsche Unterscheidung ist so nicht mehr zu halten, besonders nicht in Ländern, in welchen eine herrschaftlich konstituierte »Armut des Geistes« die traditionelle Armut schon längst überwunden hat bzw. durch traditionelle Armut (Arbeitslosigkeit usw.) ergänzt wird. Zwar haben sich Marx und Engels voller Spott und Hohn über die bürgerliche Moral ausgelassen, aber die proletarische Moral des Menschenrechts, welches durch Klassenkampf und Solidarität zu erkämpfen sei, nie aus dem

Auge verloren: »Die Internationale erkämpft das Menschenrecht.« Weder die erste, noch die zweite und dritte Internationale sind in dieser Hinsicht wirklich erfolgreich gewesen, das Problem und die Aufgabe bleibt bestehen.

Mich interessiert somit am meisten die reale Situation, die Daseinslage der Menschen in den Gefängnissen. Nirgendwo anders läßt sich der Grad der gesellschaftlichen Entwicklung eindeutiger fassen.

Die Geschichte der Gefängnisse in Chile ist exemplarisch, man braucht nur zu vergleichen die Gefängnisse in der Volksfront unter Allende mit denen nach dem Putsch der Pinochet-Clique im Bündnis mit dem US-Imperialismus. Welten stehen sich da gegenüber. Und dennoch ist die »internationale Öffentlichkeit« in der West-Zone schon längst wieder ›beruhigt‹. Wir brauchen nur nach Santiago zu schauen und uns das obszöne Theater einer Konferenz anzuschauen, auf welcher ein Pinochet sich aufspielen darf als der eigentliche Vertreter der demokratischen Rechte in diesem Lande. Nachdem Zigtausende von Menschen liquidiert worden sind, Zigtausende die Heimat verlassen mußten, kann er sich als Vertreter einer »neuen Demokratie« aufspielen und sagen: »Menschenrechte und Pressefreiheit - ja: aber keinen Libertinismus.« »Mein Kampf« von Hitler als »Lernmaterial« in den Schulen und Ausweisung des deutschen Bischofs Frenz, die Lage ist eindeutig. In den Gefängnissen wird weiter gestöhnt, fließt weiter Blut, werden Menschen gefoltert, wird alles getan, um revolutionäre, zivile oder andere Formen von Widerstand zu zerschlagen. Und da gibt es kein hin und her, ob eine VR-China mit Pinochet Bündnispolitik betreibt, ob die DDR von der chilenischen Junta Kupfer kauft, ob in der Bundeswehr ein chilenischer Pinochet-Anhänger seine Demagogie verbreiten darf; in all diesen Fällen wird die internationale Solidarität mit den Füßen getreten und nationalen Interessen untergeordnet. Die Bundeswehr erhebt keinen sozialistischen Anspruch, bei den anderen ist das aber der Fall. Von welchem Standpunkt auch immer, sozialistische Öffentlichkeit und Wahrheitsfindung sind untrennbare Bestandteile, so wie Sozialismus ohne direkte Demokratie zu einer Farce werden muß. Die Verwirrung und Vernebelung, die real die Welt durchdringt, erreicht einen Höhepunkt, wenn ein Vertreter des US-Imperialismus - Rockefeller - hier im Lande von der »amerikanischen Demokratie« und vom »sowjetischen Imperialismus« redet. Umgekehrt der selbsternannte Marschall Breschnew von der »sozialistischen Demokratie in der Sowjet-Union« spricht, mit der anderen Supermacht primär zusammenarbeitet und sekundär diese kritisiert. In diesem systematischen Durcheinander sich als Sozialist und Kommunist revolutionär-demokratischen Typus zurechtzufinden und einen der konkreten Wahrheit angemessenen Klassenstandpunkt zu beziehen, ist in der Tat nicht leicht. Von dieser schwierigen und für die Befreiung unerläßlichen Aufgabenstellung Abstand zu nehmen, würde bedeuten, sich mit Moskauer oder Pekingschen Verkürzungsanalysen, mit Legitimationskategorien zufriedenzugeben. Der linken Sektiererei mit Religionsstruktur wären damit Tür und Tor geöffnet. Als dialektische Materialisten, als kritische Materialisten, haben wir die Aufgabe, den jeweils spezifischen Realgehalt der gesellschaftlichen Situation des Menschen herauszuarbeiten. Dabei in der Oberfläche steckenzubleiben, ist uns nur zu bekannt. Auch meine Aussage über Chile ist durchaus nicht über einzelne Punkte hinausgekommen. Aber hier mangelt es nicht an sorgfältigen Analysen, die in deutscher Sprache zugänglich sind.

Etwas detaillierter will ich es nun an einem anderen exemplarischen Beispiel versuchen, es geht um Gefängnisse in Ländern des »Warschauer Paktes«. Eine gesellschaftliche Formation, über die so manche von uns doch lieber schweigen oder als »sozialistische Übergangsgesellschaft« hinnehmen bzw. über einen unkritischen Solidaritätsfetischismus legitimieren. Wir haben in den verschiedensten Beiträgen viel über die Unterdrückung, Beleidigung und Repression in den »West-Zonen« gesprochen, jetzt geht es darum, die Formen der Isolation der Opposition in den »Ost-Zonen« genauer zu betrachten. Denjenigen, die sagen, die beiden Systeme haben wesenhaft nichts miteinander zu tun, kann ich kurz mit G. Lukács antworten: »Beide großen Systeme: Krise«. Dabei hebt er die besondere Bedeutung des »echten Marxismus« hervor: »als Kritik des Bestehenden«. Kritik all der Verhältnisse, in denen der Mensch ein erniedrigtes, ausgebeutetes und von sich selbst entfremdetes Wesen ist. Und wenn man nun verfolgt, was sich real in den Gefängnissen der SU und der CSSR mit Oppositionellen abspielt, so muß das für jeden aufrecht und nicht gekrümmt gehenden Sozialisten und Kommunisten ein ausreichender Grund sein, um mit der Kritik des Bestehenden nirgendwo zurückzuhalten, um überhaupt einen Wahrheitsanspruch aufrecht erhalten zu können und den Massen emanzipiert gegenübertreten zu können. An diesem Punkt nicht einen einzigen Meter preiszugeben der Konterrevolution im eigenen Land, gerade um in der BRD und West-Berlin die Sozialismus-Frage wieder massenmäßig klar und unzweideutig stellen zu können, wird von viel zu wenigen seit der politischen Niederlage der APO begriffen. Auch wenn da ein gewisser Aufschwung wieder positiv und hoffnungsweckend feststellbar ist. Jedem DKP-Genossen, jeder DKP-Genossin, die dem Berufsverbot unterworfen sind, die Solidarität anheimkommen zu lassen, muß so eindeutig sein wie die Kritik, wenn dieselben Genossinnen und Genossen das Berufsverbot des Genossen Biermann in der DDR oder das Tausender in der CSSR für richtig halten. Ganz zu schweigen von den Ideologen der DKP-Führung, die die Unterdrückung von solchen Oppositionellen und Reformkommunisten nicht nur hinnehmen, sondern nur zu schnell bereit sind, andere Positionen, die sich nicht instrumentalisieren lassen, zu denunzieren. Man erinnere sich bloß der DKP-Presseerklärung gegen Wolf Biermann vor einigen Monaten. (...)

Die »Geisteskrankheit«, die Oppositionellen etwa in der UdSSR unterstellt wird, bzw. der systematische Versuch, Oppositionelle zu »Geisteskranken« in Gefängnissen werden zu lassen, ist nichts anderes als der Versuch der Ausschaltung der jungen Opposition. Jeder subversive Widerstand soll zu brechen versucht werden. So wie Solschenizyn als konservativer Idealist nicht zu brechen war, so wenig gelang das offensichtlich mit Pljuschtsch. Sich als Kommunist und »Neomarxist« begreifend, hat er uns klare Beschreibungen der Lage der Opposition in den SU-Gefängnissen gegeben. Die Begriffe »Folter« und »Isolationshaft« werden den dortigen Verhältnissen gemäß definiert: »Ganz offensichtlich kann man als Folterung qualifizieren: die Isolierung in kalten

Zimmern, eine Ernährung, die einen halb verhungern läßt, der Entzug aller medizinischen Versorgung. Unter gewissen wohlbekannten Isolierungsbedingungen geben die Wärter alle zwei Tage kaltes Essen, anstatt ihnen die tägliche halbe Portion zu geben. Schließlich werden ihnen warme ›Lebensmittel‹, wenn ich sie mal so nennen darf, verabreicht«. Er vermittelt Erfahrungen, die nicht mehr als »antikommunistische Schauermärchen« abgetan werden können. Besonders wohl darum, weil nun auch westeuropäische kommunistische Parteien seit der Okkupation der CSSR durch die Truppen des »Warschauer Paktes« nicht mehr bereit sind, unkritisch zuzuschauen, was sich in diesen Ländern der »Bruderparteien« abspielt. Es würde nämlich verhängnisvoll auf sie zurückschlagen. Die tiefe Kluft zwischen einem »demokratischen Kommunismus« und einem »despotischen Kommunismus« wird immer deutlicher. Der »Brief der Familienangehörigen politischer Häftlinge an Präsident Husak« vom März 1976 ist dafür ein Lehrstück. Es geht um die in der CSSR wegen sozialistisch-kommunistischer Tätigkeit verurteilten Genossen Müller, Hübl, Sabata und Tesar. Fassen wir die Lage der Gefangenen zusammen, soweit das überhaupt hier möglich ist: Wann dürfen diese politischen Gefangenen ihre Zellen verlassen? 1. Wenn sie mit ihren jeweiligen kriminellen Mitgefangenen täglich für 40-50 Min. zum »Freiluftaufenthalt« kommen; 2. Einmal innerhalb von sieben oder zehn Tagen darf jeder für je 15 bis 30 Min. baden. 3. Einmal innerhalb von zwei Wochen in eine Zelle mit Fernsehapparat.

Und wie ist es mit dem Besuch? Die politischen Gefangenen dürfen die nächsten Verwandten im Abstand von drei Monaten »empfangen«.

Was ist den Genossen - im Gegensatz zu den »Kriminellen« - nicht gestattet? Es ist nicht gestattet die »Teilnahme an Interessengruppen, Teilnahme an kulturellen Aktionen, wie es Film-Musikvorführungen sind, Ankauf von Büchern in einer fahrbaren Verkaufsstelle, Möglichkeit der Buchauswahl aus der Gefängnisbibliothek, Möglichkeit der Lektüre und des Bezugs von Zeitschriften aller Art, Teilnahme an Vorträgen, praktisch tägliche Teilnahme an Fernsehvorführungen, Teilnahme an Sportaktionen, Besuch der Kantine und Einkauf nach Wahl, Teilnahme an der Selbstverwaltung, freier Zugang zum Ausgeh-Hof in gewissen Stunden, Zugang zum elektrischen Kocher, beispielsweise zum Teekochen. Möglichkeit des Studiums, beispielsweise fremder Sprachen oder eines gewissen wissenschaftlichen Faches, freier sozialer Kontakt mit mehreren Einzelpersonen in der Umwelt des Lagerlebens, geringere Arbeitsnormen.«

Ja, Genossinnen und Genossen, ein politischer Gefangener darf nicht Marx, Engels, Lenin usw. erhalten. Müller hatte begonnen, sich persönlich aus Rückerinnerung ein russisches Wörterbuch zu bauen, Sabata ein englisches. Um ihr Gehirn wenigstens auf diese Art und Weise anstrengen zu können. Beides wurde ihnen entzogen. Die einzig zugänglichen Briefe, die Familienbriefe, unterliegen nicht nur der totalen Kontrolle, sie werden auch nur dann ausgehändigt, wenn es den Zensur-Knechten paßt. Offiziell wird gesagt: »Es werden angesichts der Möglichkeit einer doppelten Auslegung sogenannte ›aktualisierte‹ literarische Genres wie einige Gedichte, Fabeln, Aphorismen, Sprichwörter und ähnliches nicht zugelassen«. Aus diesem Grunde durfte der Brief einer der Söhne der Gefangenen mit seinen Eindrücken über »Jugend des Heinrichs IV« von Heinrich Mann den Vater nicht erreichen. Der Genosse Hübl schrieb nicht umsonst im Brief von 1973: »Lies Dir die ›Briefe aus dem Gefängnis‹ von Gramsci durch. Aber Du solltest keine falschen Vergleiche daraus ziehen. Ebenso nicht aus den Erinnerungen von N. Krupskaja an Lenin, wie er in der Verbannung in Sibirien ›Die Entwicklung des Kapitalismus in Rußland‹ schrieb und wie ihm die Moskauer Universitätsbibliothek Auslandsliteratur besorgte und sie ihm in das Dorf Schuschenkskoja nachschickte.« Das haben wir schon mitbekommen. Es wird noch klarer, wenn wir einen Blick auf die medizinische Behandlung der Gefangenen werfen: »Dem kranken Häftling werden Antibiotika verschrieben, die er selbst einnehmen soll, es wird ihm jedoch ein Wecker oder eine Uhr verweigert, mit der Begründung, das Zeitintervall soll er selbst abschätzen (im Fieberzustand!)«. Im Zustand einer akuten Blutvergiftung (s. Müller) wird eine Krankenschwester, aber kein Arzt herangezogen.

Die Verwandten der politischen Gefangenen sagen darum

in ihrer Dokumentation: »Es wurden raffinierte Methoden gewählt, die man mit der Einweisung eines gesunden Menschen in ein Irrenhaus vergleichen kann, die vergleichbar sind mit einem Wassertropfen, der regelmäßig auf den Nacken des Verurteilten fällt und den Wahnsinn hervorruft«. Es geht um die Brechung der menschlichen Persönlichkeit, um die Brechung des aufrechten Gangs von Sozialisten und Kommunisten.

Von Land zu Land unterscheiden sich die Versuche der Herrschenden in der Brechung des politischen Widerstandes in Nuancen und Formen, der jeweiligen gesellschaftlichen Klassenkampflage entsprechend. Aber es geht ihnen immer um das gleiche: eine befreiende Veränderung der gesellschaftlichen Verhältnisse zu verhindern. Beim Lesen des Briefes der Tschechoslowaken dachte ich sofort an Stammheim auf westdeutschem Boden, wurde mir die Nicht-Identität, Ähnlichkeit und Differenz durchschaubar. Ich habe immer die RAF-Politik grundsätzlich abgelehnt, aber das hinderte mich nie, jene Solidarität ihnen gegenüber auszudrücken, die unerläßlich ist, um überhaupt einen Begriff von kritischer Solidarität ernst nehmen zu können.

Zum Schluß noch ein Wort über die politischen Konsequenzen, die sich aus den Verhältnissen in Ländern des »Warschauer Paktes« für uns ergeben. Die gemeinsame Erklärung auf der »Konferenz der kommunistischen und Arbeiterparteien Europas« in Ost-Berlin kann nicht darüber hinwegtäuschen, daß viel eher mit einer ideologischen Zuspitzung des Konflikts zwischen dem demokratischen und despotischen Kommunismus zu rechnen ist. Wie überhaupt die chinesischen Kommunisten die Auseinandersetzungen in dem bis 1968 schier geschlossenen, von Moskau bestimmten Block der KPen mit äußerster Genauigkeit betrachten. Neue Bündnismöglichkeiten sind da nicht auszuschließen. Die Neue Linke muß sich darum bemühen, diese sich andeutenden neuen Prozesse nicht nur wahrzunehmen, sondern nach den Bundestagswahlen politisch-organisatorisch zu diskutieren.

Subkultur und Partei
(Fragen der Organisierung)

Strukturelle Arbeitslosigkeit und Verwertungschwierigkeiten des Kapitals sind in den hochentwickelten kapitalistischen Ländern voneinander nicht zu trennen. Die industrielle und intellektuelle Reservearmee des Kapitals wird in den nächsten Jahren mit großer Wahrscheinlichkeit wachsen. So wie der historische Umwälzungsprozeß der »wissenschaftlich-technischen Revolution« in der Produktion die »Relativität der Arbeit« (M. Prucha) unter kapitalistischen Bedingungen konstituiert, so begründet er die Relativierung der traditionellen Arbeiterklasse. Es erfolgt vielmehr eine weit über das Fabriksystem hinausreichende Proletarisierung in letzter Konsequenz. Ein nicht mehr völlig im Anfang stehender Prozeß. Die Erweiterung der Proletarisierung in den verschiedensten gesellschaftlichen Sphären bringt ohne Zweifel auch eine erweiterte Verweigerung derjenigen mit sich, die diesem erneuten Wahnsinns-Druck nicht mehr folgen wollen bzw. nicht mehr können. Die Frage, die sich stellt, ist, ob gerade durch diese kapitalistische Auslese neue objektive Möglichkeiten alternativen Daseins, emanzipative Entfaltung der Subjektivität im gesellschaftlichen Alltagsleben der lokalen Gemeinden frei wurde und erweitert wird? Reicht die Existenz von ca. 500 000 in Wohngemeinschaften lebenden Menschen verschiedener sozialer Lagen und Selbstverständnisse für die Beantwortung dieser Frage schon aus? Ohne Zweifel zeigt es eine elementare Differenz zu den an den Fingern abzählbaren Wohngemeinschaften von 1967/68 an. Aber dieser Hinweis oder der Verweis auf die reale Subkultur mit ihren Versuchen der Eroberung, Neugewinnung sozialer Selbsttätigkeit scheint mir nicht ausreichend zu sein, um das Problem der »Befreiung« im Rahmen der kapitalistischen Unterdrückung und Ausbeutung richtig stellen zu können. Ein äußerst widersprüchlicher Zuammenhang. Schließen sie einander nicht aus? Auf den ersten Blick auf jeden Fall, auf den zweiten ist natürlich der Kapitalismus fähig, bestimmte Ghettos in verschiedenster Form zu ermöglichen. Die Frage scheint mir zu sein, wo seine immanenten Grenzen sind, wie sie angemessen sprengbar oder damit unsprengbar sind. Es ist hier nicht möglich, ausführlich darauf einzugehen. Nur eins scheint mir international und national unzweideutig zu sein: Solange die Rüstung keine Abschaffung erfährt, ist jener Frieden, der unerläßlich ist, um über das Alltagsleben die soziale Befreiung zu ermöglichen eine Illusion. Vergessen wir nicht, die Bundeswehr hat nicht mehr die realen subversiven Schwierigkeiten der 60er Jahre. Die Gründe für die erneute Hinwendung von vielen Arbeitern, Angestellten, Intellektuellen sind offenkundig. In der jetzigen Etappe ist nicht nur die Verweigerung konstatierbar, sondern überwiegend erst einmal die Anpassung. Weiter ist nicht zu übersehen, daß die konventionelle Rüstungssteigerung neu zur Debatte steht. Wenn Dregger und Strauß ihr Ziel erreichen, und ich habe die Rede von Sonthofen nicht vergessen, so steht uns eher ein Arbeitslager bevor, als autonome Dörfer und Städte für emanzipative Experimente gestattende Zeiten. Darum bedarf der ganze Komplex der politischen und sozialistischen Reflexionsebene. Es ist einfach nicht zu übersehen: die SPD-FDP-Koalition hat im Prozeß des Niedergangs der APO der 60er Jahre die Subkultur nicht niederschlagen können und nicht wollen, hat aber alle linkssozialistischen Strömungen bis heute mit allen Mitteln und Methoden bekämpft.

Was für einen Demokratiebegriff hatten wir?

Wir wollten Demokratisierung, um die feudalen Relikte abstreifen zu können. Die Herrschenden, erst über die Große Koalition, dann über die Kleine vermittelt, strebten und streben langfristig eine Technokratisierung an, um ein jeder Lage »angemessenes« Krisenmanagement aufzubauen. Unsere am Anfang der 60er Jahre vom SDS entwickelte Forderung nach »Demokratisierung der Universität, Demokratisierung der Gesellschaft« war beschränkt. Wie kann Demokratisierung, wenn es nicht gerade vom Feudalismus in den Kapitalismus geht, sich ohne historisch fällige und mögliche

Sozialisierung vollziehen? Was heißt das schon anderes als die durch Arbeit entstandenen ungeheuer großen Reichtümer in die eigene Hand zu nehmen: »Reich der Freiheit«, die Lebenszeit, die konkrete Individualität und Subjektivität den Bedingungen gemäß lernen zu entfalten und die Arbeitszeit auf das wirklich notwendige Minimum zu reduzieren? Die Frage des Verhältnisses von Demokratisierung und Sozialisierung, von Demokratie und Sozialismus sind so weder am Anfang noch am Ende der 60er Jahre scharf gestellt worden. Wenn auch ohne Zweifel Ansätze sich weiterentwickelten. Die Schwierigkeiten lagen u. a. darin, daß die Resultate der historischen Niederlagen der Arbeiterklasse und die theoretischen Vernebelungen nicht scharf genug analytisch und begrifflich erarbeitet worden waren. Besonders die Existenz einer SU ohne lebende Sowjets, die Existenz eines Comecon-Lagers ohne bürgerliche und ohne proletarische Öffentlichkeit erzeugt Nebel und keine Klarheit.

Wie sieht es mit dem »Modell« BRD (und DDR) inzwischen aus?

In der Gegenwart vollzieht sich eine äußerst problematische Rechtswendung im Lande, eine Entdemokratisierung, Verminderung bürgerlicher Rechte. Eine »zweite Restaurationsperiode« (O. Negt) hat begonnen. Die letzten Kommunalwahlen in Hessen mit dem erneuten Aufstieg von Dregger haben es kenntlich gemacht. »Solidarität der Demokraten« ist das Schlagwort der herrschenden Parteien, aber zugenommene Repression gegen alle antikapitalistischen Strömungen, Berufsverbote, strukturelle Arbeitslosigkeit usw. ist die Realität. Die widersprüchliche und dennoch eindrucksvolle Linkswendung in Süd- und Westeuropa scheint wieder einmal von einer deutschen Rechtswendung begleitet zu werden.

Aber dieser Blick trifft bei weitem nicht die Gesamtheit der Tendenzen in der BRD. Gerade in der Debatte über das Energie-Programm der Bundesregierung, über die Anti-Atomkraftwerke-Bewegung ist ein neuer frischer Geruch über die BRD und West-Berlin »reingefallen«. Er ist nicht zu überschätzen, aber ein neues republikanisches Moment der

Selbsttätigkeit des Bürgers und anderer sozialer Schichten ist freigeworden. Es ist von großer Bedeutung diese Sache und Möglichkeit so breit wie möglich zu entfalten und zu verteidigen. Durch Atomkraftwerke und Atombomben werden wir weder den Frieden noch das »Licht der Freiheit« (Jungk) erreichen. An Weltkriegsplänen, an Katastrophenplänen mangelt es nicht. Die Ausgaben dafür sind in West und Ost ungeheuer. Wenn nur ein Teil dieser Summen nicht für die Zerstörung, sondern für den Aufbau der Welt, für die systematische, globale Entwicklung der Sonnenenergie ausgegeben würde, so würden wir dem Frieden, der Freiheit, der Demokratie und dem Sozialismus einen großen Schritt nähergekommen sein. Den »Atomverbrechern in Ost und West« (P. Mattick) muß der politische Kampf angesagt werden. Der Kampf um die Menschenrechte ist darum natürlich auch Kampf um Frieden und Entmilitarisierung.

Was hat der Kampf an den Universitäten in der BRD und West-Berlin, der Kampf gegen die technokratische Studienbeschränkung, die verkürzte Studienzeit und das sich neu durchzusetzen versuchende Ordnungsrecht mit dem vorher Gesagten zu tun? Sehr viel. Wenn der Kampf verlorengeht, wird sich wieder das durchsetzen, was Studien über die Atomkraftwerke, über Sonnenenergie usw., über Abrüstung, über Monopolbranchen usw. an den Universitäten ausschließt. Heute ist dafür und für das studentische Erlernen der methodischen Voraussetzungen dafür noch ein gewisser Spielraum vorhanden. Allerdings ist die Gegentendenz real für jeden Studenten spürbar: »Faktenverehrung ohne Beziehungsdenken, Naturwissenschaft wesentlich zur technologichen Naturausbeutung dressiert, Soziologismen ohne Gesellschaftskritik, Psychologismen ohne Psyche, Kulturgeschichtliches als museale Bereicherung« (J. Schumacher). Da ist die Denkweise der Herrschenden in West und Ost identisch. So wie Zwang und Leistungsdruck Entpolitisierung mit sich bringt in den Comecon-Ländern, so wird bei uns versucht, die politische Kontinuität an den Unis zu brechen, das politische Mandat in Frage zu stellen für die Studentenorganisationen u.a.m. Hinzu kommt, daß aus den Schulen und Oberschulen nicht mehr wie in den 60er und Anfang der 70er Jahre ein auf soziale Emanzipation tendenziell oder stimmungsmäßig breit existierender junger Nachwuchs die Universitäten aufsuchte. Das muß langfristig schwerwiegende Auswirkungen haben. Besonders dann, wenn nicht so schnell wie nur möglich den sektiererischen Strömungen an den Universitäten eine linkssozialistische Alternative in der Tradition des SDS, den heutigen Bedingungen gemäß, entgegengestellt wird. Wenn nicht daran gearbeitet wird, die neue Lage an den Oberschulen genauer zu durchschauen, um mit angemessener Solidarität neue Beziehungen wieder herzustellen.

Die neue Studentengeneration muß selbständig gehen lernen, bedarf aber der Solidarität und Kritik. Wie umgekehrt. Wobei die »Alten« besonders hören lernen müssen. Wer von den »Alten« der 1. APO, »psychisch, moralisch, politisch völlig zerrieben und verbraucht« ist, dieses Urteil sollten wir lieber der Geschichte überlassen und nicht großmäulig damit umgehen. Besonders die nicht, die nicht einmal mehr fähig zu sein scheinen, an schwierigen öffentlichen Diskussionen teilzunehmen. Viel lieber den Schwanz einziehen. Die gesellschaftlichen und politischen Widersprüche im Lande und auf internationaler Ebene haben einen mit den 60er Jahren nicht zu vergleichenden Punkt erreicht ...

Fragen der Organisierung!

»Die Bewegung ist alles, das Ziel ist nichts«. Diese polemische Äußerung von E. Bernstein hätte ca. 6 Jahrzehnte danach jedes SDS-Mitglied entschieden von sich gewiesen. Wenn es sich des historischen Kontextes bewußt gewesen sein würde. Und zwar primär mit einer moralisch orientierten Kategorie von Sozialismus. Ohne dabei allerdings über eine kritisch-materialistische und historische Ethik als Glied in der Kette der »neuen Wissenschaft« (Marx), des wissenschaftlichen Sozialismus zu verfügen. Dennoch war die Wiedergewinnung und Weiterentwicklung politischer Moralität und der Wille, an der eigenen Not und der Notwendigkeit der persönlichen Selbstveränderung nicht vorüberzugehen, ein ungeheurer Fortschritt im linken Lager. Das Insistieren auf das Suchen nach der konkreten Wahrheit, das prinzipielle Ablehnen des Besitzertums in der despotischen

Tradition des bürokratischen ZK-Reiches machte es uns erst möglich, neue emanzipatorische Schritte denken und tun zu können.

Der SDS machte allerdings weniger einen bewußten »Sprung von der Organisierung zur Bewegung«, wurde vielmehr objektiv in eine historische Lage hineingeschleudert, in welcher seine Organisation sich 1968/69 auflöste. Man muß die Frage aufwerfen, ob nicht gerade eine sozialistische Orientierung das Verhältnis von Organisation und sozialer Bewegung, von Produktion und Spontaneität neu stellen muß.

Detlev Claussen hat völlig richtig gesagt, daß sich eine sozialistisch orientierte politische Organisation nicht gegen die sozialen Bewegungen abschließen darf, sie sonst nur behindert. Die Frage, die sich dann aber stellt, heißt: schließen sich soziale Bewegung und politische Organisation nicht etwa doch aus? Diese Frage ist nicht formal-technisch zu lösen, sondern allein über das Verhältnis von Inhalt und Form, über das der Organisation zur sozialen Emanzipation der Klassenindividualität, über innerorganisatorische Demokratie und fraktionellen Meinungskampf, über die Ermöglichung oder Beschränkung des Erlernens des aufrechten Gangs, nicht des gekrümmten Gangs. Bei letzterem ist die »Wiederholung der alten Scheiße« schon antizipierbar.

Ich verwies auf meine strategische Einschätzung der heutigen Lage, auf die Wichtigkeit der demokratischen Kämpfe auf der Kommunal- und Landtagsebene, auf sich anzeigende Gefahren.

Wie sieht es aber mit den Möglichkeiten aus? Eine schwer zu beantwortende Frage. Eine »sozialistische Partei« aus dem Boden zu stampfen wäre eine völlige Mißachtung von solchen Vorgängen und ihren sektiererischen Auswirkungen. Als ob es nicht genug Erfahrungen darüber schon gibt. In den 60er Jahren waren wir außerparlamentarisch, nicht umsonst - aber nicht anti-parlamentarisch. Darum muß das Problem von direkter und parlamentarischer Demokratie noch intensiver diskutiert werden. Gerade in einer Zeit der Rechtswendung beginnt die Neue Linke Kommunal-, Landtagswahlen, das Problem der parlamentarischen Demokratie zu einem Teil wieder ernst zu nehmen. Schlimm genug das späte

Nachdenken, aber überfälliger denn je. D. h. aber auch die realen Kräfteverhältnisse nicht mit »revolutionären« Phrasen einzuschätzen. Der tendenzielle Auflösungsprozeß der Kleinen Koalition, die tendenziell weiterhin existierende Möglichkeit der Trennung von CDU/CSU bzw. die nicht unmögliche neue Große Koalition muß von uns sorgfältigst durchdacht werden. Eins scheint mir sicher zu sein: 1966 waren die Diskussionen mit Harry Ristock über die Große Koalition noch kein echtes SPD-Problem. Das ist heute schon ganz anders. Die SPD würde natürlich zwar heute nicht gespalten werden, aber die Lage im Lande würde sich verändern. Daß die Hoffnung von einer sozialistischen Partei weiter wachsen wird, ist sicher, aber mit realitätsfremden Träumereien ist sozialistische Politik und politische Phantasie nicht zu entfalten. Es bedarf in der Tat der Hoffnung, Phantasie und des Traums, um die bestehenden Verhältnisse transzendieren zu können. Aber dieses utopische Denken bleibt bzw. wird konkret, und darum subversiv politisch.

Die Auseinandersetzungen zwischen der SPD und den Jusos, die Auseinandersetzungen über das Steuerpaket haben den Zersetzungsprozeß der Koalition, die Rechtswendung der SPD und die Stamokap-Beschränktheit in dieser Partei gezeigt. Von der Ecke kann keine antisektiererische sozialistische Partei kommen.

Eine linke Liste, die nicht durch Sektiererorganisation, sondern durch glaubwürdige Persönlichkeiten aus den verschiedensten gesellschaftlichen Bereichen getragen würde, könnte eventuell dadurch, daß die verschleiernde Alternative Schmidt - Strauß nicht zur Debatte steht, real-politisch testen, wieviel diejenigen in dieser Gesellschaft politisch wert sind, die das konkrete Menschenrecht des Überlebens, Demokratie und Sozialismus in den Mittelpunkt stellen.

Es wäre gleichermaßen eine erste Möglichkeit der Vorbereitung auf die nächsten Bundestagswahlen von 1980. Wie scharf sich die internationale Lage schon innerhalb eines eventuellen Sieges der Volksfront in Frankreich oder anderer Anlässe zuspitzen sollte, ist nicht abzusehen. Wenn eine linke Liste tatsächlich über die 5-Prozent-Klausel springen könnte, würde das eine nicht unwesentliche Bedeutung für die Vorbereitung der nächsten Bundestagswahlen haben.

Polly und Rudi Dutschke, auf dem Geburtstagsfest von Helmut Gollwitzer (1978)

Ermordetes Leben

(Im Gedenken an die Genossin Elisabeth Käsemann)

Nach einem gequälten, dahinvegetierten oder im weitesten Sinne ausgelebten Leben sterben zu müssen oder gar zu wollen, ist schwierig genug. Wieviel grauenhafter muß es sein, schon nach kurzer Zeit oder wenigen Jahrzehnten in den Tod getrieben zu werden, ob nun durch Krankheit, Unfall, Selbstmord oder Ermordung. In den weltweit militarisierten Gesellschaften ohne Geselligkeit vollzieht sich alles dies täglich.

Ist das Problem für einen Sozialisten und Kommunisten, in welcher Klassenkampflage auch immer, leichter? Beileibe nicht. E. Leviné hat nach der Niederlage der Bayrischen Räterepublik vor Gericht, kurz vor der zu erwartenden Erschießung, etwas formuliert, was zum Beispiel R. Luxemburg, K. Liebknecht, E. Jogiches in Deutschland, K. Radek, N. Bucharin in dem mit Sowjetöl getünchten Rußland, Che Guevara und andere in Bolivien, Tausende in Chile und anderswo in solchen Augenblicken zu denken versuchten: »Wir Kommunisten sind Tote auf Urlaub«. Aber damit ist weder das Leid und die Qual der Betroffenen, noch die Bitterkeit derer beseitigt, die wissen, wer wieder verlorengegangen ist. Ja, gerade das Wissen darüber, wer, warum, wann und unter welchen Bedingungen von der Konterrevolution ermordet wurde, macht erst jene *nachdenkende und solidarische Leidenschaft* frei, die für den Klassenkampf unerläßlich ist.

Wer war die deutsche Genossin Käsemann, und warum war sie in Argentinien? Viele von denen, die in der zweiten Hälfte der sechziger Jahre ihren eigenen Politisierungs- und Selbstveränderungsprozeß im SDS von West-Berlin begonnen haben und gerade in der anti-imperialistischen Front die tägliche Kleinarbeit mitgemacht haben, werden sie nicht vergessen haben. Sie gehörte 1967/68 zu denen, die sich herantasteten an den Standpunkt des Sozialismus. Zum anderen, wie bei den meisten von uns, wurde dieser Lernprozeß getragen von einem tiefen Entsetzen über die Kolonialpolitik des US-Imperialismus in Vietnam. Desgleichen aber geprägt durch und von einer zunehmenden Faszination angesichts der Kampffähigkeit des vietnamesischen Widerstandes gegen den amerikanischen Riesen.

Neben dem Blick nach Asien dominierte die Solidarität mit den Kämpfen in Südamerika. Das war auch der Grund, warum sie und andere Genossen und Genossinnen das Buch »Langer Marsch. Wege der Revolution in Lateinamerika. Texte von R. Debray, F. Castro, K. S. Karol und Gisela Mandel« 1968 fertigstellten. In unserem Vorwort kritisierten wir, auf Che Guevara zurückgreifend, die Politik der KP's in Lateinamerika, »die die Linie der ›friedlichen Koexistenz‹ verfolgen, den bewaffneten Kampf ablehnen und Volksfronten bilden, in denen sie immer wieder die Führung verlieren und zum Spielball anderer Interessen werden«. Und ließen Marx folgen: »Die Waffe der Kritik kann die Kritik der Waffen nicht ersetzen.« Wie problematisch und undifferenziert solche Aussage von außen gewesen sein mag, eins ist unzweideutig: die Genossin Käsemann war seit Ende 1968 nicht mehr draußen. Nach dem schweren Zerstörungs- und Selbstzerstörungsprozeß des SDS, dem viele der jungen Genossinnen und Genossen oft verzweifelt zuschauten, fuhr die Genossin im Herbst 1968 nach Chile und wenige Monate später nach Argentinien. Dort arbeitete sie, unterbrochen durch kurze Reisen nach Europa, nun fast ein Jahrzehnt im argentinischen Klassenkampf. Die Unvermeidlichkeit der »Kritik der Waffen« in dieser Klassenkampf-Zone kann nur derjenige übersehen, der die Mitwirkung am Klassenkampf schon aufgegeben hat, bevor er seinen aufrechten Gang überhaupt begonnen hat. Aber was unter spezifischen Klassenkampfbedingungen Sinn hat, kann woanders blanker Unsinn sein. Das militärische Regime der letzten Jahre, nicht ein einziges bürgerliches Recht anerkennend, alle linken Strömungen mit allen Mitteln des militärischen Terrors angreifend, ließ andere Widerstands- und Angriffsformen nicht zu. Die Genossin war zwischen März und Mai 1977 verhaftet. Unter welchen Voraussetzungen es zur Verhaftung kam, ist mir nicht bekannt. Nur eines ist sicher: mit vier

Schüssen im Rücken wurde sie schließlich ›ausgeliefert‹. »Auf der Flucht erschossen«, oh, wie oft haben wir davon schon lesen müssen! Ob von den nationalen Geheimdiensten oder von CIA bzw. KGB, demokratisch getünchten bzw. rötlich gefärbten Institutionen. Das letzte Wort der Geschichte der Klassenkämpfe ist da beileibe noch nicht gesprochen.

Tagelang waren die Genossin Käsemann, andere und ich im März 1968 in Prag und konnten in der Tat vom Prager Frühling riechen, über die neuesten Versuche der Arbeiter, Werktätigen, Studenten und der Partei hören, die Sozialismusfrage befreiend und nicht knechtend zu stellen. Wenige Monate später erfolgte die Okkupation.

Wo und wie die Klassenkampfbedingungen und die angemessenen Klassenkampfformen auch immer sein mögen, entscheidend bleibt für Sozialisten und Kommunisten, demgemäß zu leben und zu handeln. Die Genossin Käsemann ist ein Beispiel der jüngeren Generation. Ein besonderes Beispiel internationaler Solidarität.

Um 1975

Abgelehnt

(Aus dem Tagebuch)

16. 10. 1978

Habe endgültig an Janssen und Genossen abgesagt. Wollte nicht mithelfen zu »vermitteln« in diesem nun wieder zugespitzten politischen und sozialpsychologischen Generationskonflikt. Die schleswig-holsteinische SPD ist angenehmer den anderen SPDlern gegenüber, zweifellos. Dennoch ist es besser, sich nicht instrumentalisieren zu lassen - für mich! Über die Anti-Atomkraft-, hoffentlich bald auch Anti-Atombomben-Bewegung, steht *Leben* und *Frieden* zur Grunddebatte.

Seit einigen Wochen sitze ich wieder ruhig auf meinem Stuhl, achte auf die Kinder genauer und arbeite intensiver. Werde meinen Bahro-Beitrag noch vollenden. Ist eine schwierige Sache. Seine Lebensgeschichte ist uns, ist mir fremd. War früher auf der Front der herrschenden Dienst-Dichter und Dienst-Redakteure. Die Wendung erfolgte über die barbarische Okkupationserfahrung der CSSR durch die Länder des »Warschauer Paktes«.

18. 11. 1978

Erneut abgelehnt: diesmal die Bahro-Veranstaltung in Frankfurt bzw. die über »Sozialistengesetz« in Hamburg. Hätte ganz gern mit Ernest Mandel zusammen in Hamburg gesprochen, hielt es aber im Augenblick nicht für »entscheidend« teilzunehmen - die gesellschaftliche Luft ist wieder einmal »noch« in Vorperiode.

Die Kinder werden stärker integriert in die Hausarbeit, halt unerläßlich. Gretchen schreibt immer wieder aus Indien. Wie *langsam* in solch einer *asiatischen Zone* sich Veränderungen bemerkbar machen.

Die Ablehnungen, an den Veranstaltungen teilzunehmen, sind auch darum richtig, weil ich, zusammen mit Ho und Po (Kinder von Gretchen und Rudi Dutschke) am 23. 10. abfahren will nach Werl, um den P. P. Zahl erstmalig zu besuchen.

Die Glücksmänner

(Wie sich Linke des Pariser Mai nach rechts wenden)

Während Rudolf Bahro den Schlag des Pariser Mai gegen die »konservativen Parteiverwalter« bejubelt, sagt einer der Glücksmänner mit dem Namen Levy: »Der Mai 1968 ist einer der schwärzesten Daten in der Geschichte des Sozialismus«. Kann ich mir vorstellen, soll ja innerlich immer dagegen gewesen sein. Der Sohn der französischen Bourgeoisie kann ja schwerlich in der schwelenden Krise des Kapitalismus und der permanenten Krise der Zurückgebliebenheit der Comecon-Länder, Chinas etc., in der Explosionslage in den unterentwickelt gehaltenen Ländern der westlichen Herrschaftszone daran interessiert sein, neue Blöcke der heutigen Arbeiterklasse und ihrer neuen Verbündeten entstehen zu lassen. Der »zukünftige Herr« Mitterand wird vorgeschoben, die Angst vor den Kommunisten neu hochgespielt. Die Kritik an den französischen Sozialisten und Kommunisten in Parteiform muß radikal sein, aber es muß eine Kritik vom Klassenstandpunkt der Unterdrückten und Beleidigten, der Ausgebeuteten sein - dann ist die Solidarität des politischen Klassenkampfes gesichert. Die radikale Abweichung von Levy etc. ist die Negation der Erbschaft des Pariser Mai, die Geschichte der realen Kämpfe wird und muß darüber hinweggehen.

Zu denen, die aus der Neuen Linken kommen, hier der französischen, gehört ohne Zweifel André Glucksmann. Die Agnes Heller-Generation und die aus unserer Generation in Osteuropa kannten seit langem das *Geschichtsverbot,* lebten aber nicht von der *Geschichtslosigkeit,* wie die verschiedensten »Kapital«-Päpste in der Geschichte Westeuropas, ob nun in früheren Zeiten oder heute. Ihr Buch von 1974, *Theorie der Bedürfnisse bei Marx,* spiegelt und durchbricht immer wieder jenes Geschichtsverbot, welches die Herrschenden auferlegen. Es voll durchbrochen zu haben, wie widersprüchlich auch immer, scheint mir ja die besondere

Leistung von Rudolf Bahro zu sein. André Glucksmann versuchte wie andere und ich in verschiedenster Art und Weise, einen *Geschichtsverlust* loszuwerden und neu Geschichte zu rekonstruieren. Während andere dazu übergingen, die Geschichtslosigkeit der »wesenslogischen« Leere zu systematisieren.

André Glucksmann war es in seinem Buch von 1974 (Köchin und Menschenfresser) darum gegangen, die Gefängnisse der »Zivilisation« im allgemeinen und die Straf-, Arbeits- und Konzentrationslager Rußlands im einzelnen sich erstmalig anzuschauen, sie erst einmal zur Kenntnis zu nehmen, entsetzt zu sein. Für einen ehemaligen maoistischen Stalinisten in der Tat ein Fortschritt.

Warum die französischen Gefängnise des Algerienkrieges absolut keine Rolle spielten, Frantz Fanons Kritik der französischen Intelligenz wegzuschweigen, mußte Fragen und Zweifel dieser Arbeit gegenüber aufkommen lassen. Kann denn ein Deutscher über die russischen Lager reden, wenn er die deutschen wegläßt? Dennoch war sein Herangehen an die russischen Lager mit der Solschenyzin-Rezeption der Orientierungslosigkeit nicht einfach abzutun, es traf vielmehr einen elementaren Punkt linker Geschichtslosigkeit in Westeuropa. Dabei allerdings auf die geschichtliche Realität miserabel verkürzende und alle Vermittlung außer Acht lassende Art und Weise. Typischerweise das Buch von El Campesino, zuerst 1969 in Paris erschienen, völlig ignorierend.

Mir wiederum war es 1974 darum gegangen, in der Rekonstruktion der Marxschen Rußlandanalyse die strikte Differenz zwischen der Entwicklung der kapitalistischen Produktionsweise in Europa und dem halbasiatischen Weg Rußlands zu verdeutlichen. Dabei durchaus teilweise mit Bahro, dem Autor von *Die Alternative,* einen Weg gehend. Allerdings gelangte ich »zu einer recht verschiedenen Einschätzung«, wie Bahro richtig vermerkt. Das besondere und echt Neue liegt ja gerade beim Bahro-Buch darin, mit einem breiteren geschichtlichen Blick die verschiedenen Themen anzugehen. Ob seine verminderte Lenin-Kritik im Verhältnis zu der von mir tiefer geht, muß sich erst noch erweisen, jedenfalls ist seine Marx-Rezeption *da* verkürzter.

Wie schnell jedoch kurze, aber bedeutende sozial-strukturelle und sozial-psychologische Umbruchelemente beim Einzelnen abbaubar sind und zu neuen Wendungen führen können, zeigt ein Blick auf die *Pariser »Neuen Philosophen mit altem Gestank«*, auf jene Renegaten des Pariser Mai von 1968. Nachdem A. Glucksmann 1974 völlig berechtigt wieder einmal überfällige Probleme in die Hand genommen hatte, Marx noch einen »Genie-Streich« in der Analyse des »Geheimnisses der ursprünglichen Akkumulation« zugesteht, aber einen abstrakt-obskuren »Marxismus« für alle Schandtaten in Rußland verantwortlich macht, konnte in einer besonderen Flaute-Zeit der Neuen Linken (NL) eine Renegatenwendung nicht lange auf sich warten lassen. Sich geistig und politisch-organisatorisch von jeder Nähe zur Erbschaft der NL und der neuen sozialen Bewegung abwendend, war es nicht verwunderlich, den Pariser Glücksmännern in der typischen Darstellung des heutigen Kulturpessimismus mit dementsprechenden Kostümen neu zu begegnen. Die echte Begegnung wird diesmal politisch-theoretische Konfrontation sein. Eine Pariser Bahro-Veranstaltung in diesem Jahr interessierte die Geschichtslosen von Paris so wenig wie die Frage der sozialen Emanzipation. Sie spielten vielmehr viel vor, durchaus noch nach den französischen Wahlen von 1978, mit Heidegger-Klamotten vom »ursprünglichen geworfenen In-der-Welt-Sein als Unzuhause«, im Hintergrund ihre eindeutige Rolle für die herrschenden Verhältnisse. Die sozialen und grundlegenden Klassenkonflikte gingen dabei scheinbar unter, in Wirklichkeit wurde die Renegatenrolle vervollständigt.

Kein Wunder, in einer Zeit der schweren sozial-psychologischen Legitimationskrise und schwelenden sozialökonomischen Krise, der Ziel- und Sinnlosigkeit des Daseins in der technokratisierten Struktur kapitalistischer Verhältnisse, wird gerade in Wahlzeiten jedes mögliche Gespann an der geistigen Front gierig aufgegriffen, um den Sozialisten und Kommunisten Hiebe versetzen zu können. Wenn diese Arbeiter- und Volksparteien nicht die Fragen der Zeit, den Sinn und die Perspektive in den Mittelpunkt stellen, den kontinentalen Charakter der Demokratie- und Sozialismusfrage, wie die Rußlandfrage undeutlich lassen, dann muß die

Linke in der parlamentarischen oder außerparlamentarischen Ebene Niederlagen einstecken.

In einer solchen Gekrümmtheit und Verworrenheit der Positionen der Parteien der Volksfront hatten es die Aussteiger der NL und ihre Neuanhänger leicht, ihr richtiges *Moment* von kulturpessimistischer »Wahrheit« unterzubringen. A. Glucksmann, derjenige, der 1968 mit mir in London über die Aktualität der »Grundrisse« diskutierte, war ein Jahrzehnt später nicht mehr bereit und nicht mehr fähig, die Argumente und Fragen von R. Bahro wahrzunehmen und kritisch-solidarisch in die Diskussion zu werfen. Er sorgte so wenig wie die KPF dafür, dieses Buch schnell in Frankreich zu veröffentlichen. Er, der vom Elternhaus her perfekt die deutsche Sprache spricht, setzte sich vielmehr eher an die Bücher von Heidegger und Jünger heran, als sich mit Bahro auseinanderzusetzen. Über die BRD wird von ihm u. a. polemisiert - Heidegger und Jünger geistig jedoch im Hintergrund - nicht unverständlicherweise. Ist das der erste Schritt eines französischen Wegs der Germanisierung, dem der politisch-ökonomische folgt?

Im Boom, der kurzdenkenden Zeit mußten *diese Pariser Glücksmänner* nun noch einen Höhepunkt des »Anti-Marxismus« erreichen. A. Glucksmann vollbrachte eine Meisterleistung: In seinem Buch »Die Meisterdenker« schreibt er die »Zerstörung der Vernunft« von Lukács, vielleicht das schlechteste Werk seines und meines Genossen Meisters, um! Konnte es dadurch besser werden? Nun geht es nicht von Luther über Kierkegaard und Nietzsche zu Rosenberg und Hitler. Jetzt geht es von Fichte über Hegel, Marx und Nietzsche, um sie dafür verantwortlich zu machen, die KZs und GULags nicht nur nicht verhindert zu haben. Im Gegenteil: die Fetischisierung von Staatsmacht, Sozialwissenschaft und »totaler Revolution« habe erst dazu führen können. Die Borniertheit, abstrakt-absurde Negation realer Geschichtsprozesse erreicht hier ihren bisherigen Höhepunkt der »Neuen Philosophen« des alten Kulturpessimismus.

Mit einem »Universalschlüssel« treiben es nun die Pariser, dem Universalschlüssel der »Macht« und »Ohnmacht«, um Geschichte von realen sozialen Widersprüchen, von Geschichte überhaupt »freizumachen« - d. h. Verewigung von GULag, von KZs und Lagern, von Kapitalverhältnissen und Ausbeutung.

Es ist schon lustig und makaber, ein Moment von Farce ist nicht zu übersehen. In Paris haben die »Anti-Marxisten« einen »Sieg« errungen. M. Clavel sagt im Vorwort der *zweiten »Zerstörung der Vernunft«:*

»Sicher ist, daß in Frankreich, zwei Jahre nach der totalen Vorherrschaft von Marx über Universität, Verlagswesen und Kultur heute kein Intellektueller mit Selbstachtung mehr, kein denkender Mensch mehr, der diesen Namen verdient, noch irgendeine Marxsche These verteidigt.«

Wie selbstsicher und dem Gegner gegenüber verkrampft. Ein Bahro kann sie allein als Gefängnis-Opfer interessieren - um ihren allgemeinen Unsinn und ihre Geschichtslosigkeit zu legitimieren. Auf keinen Fall können die von Bahro aufgeworfenen Fragen für sie diskussionswert sein.

Hosea Che und Rudi Dutschke, 1971 in Dänemark

Eroberung und Befreiung stehen in Widerspruch
(Aus dem Tagebuch, Ende Januar/Anfang Februar 1979)

Was für eine absurde Situation! Die Vietnamesen ›befreien‹ die Kambodschaner von der rotgetünchten Despotie. Aber Eroberung und Befreiung stehen immer grundlegend im Widerspruch!! Wie schnell eine Befreiung in Eroberung umschlagen kann, wissen wir aus eigener Geschichte.

Die Chinesen sind wütend. Welchen Schwach- und Wahnsinn die nun machen werden?

Namens-»Kommunisten« schlagen sich die Köpfe ein. Wie wichtig ist es zu wissen, was die Geschichte Asiens und der asiatischen Produktionsweise ist, um überhaupt den Nebel des Begriffs-Betrugs durchbrechen zu können. Allgemeine Staatssklaverei und asiatische Produktionsweise sind voneinander nicht zu trennen.

Um 1977

Nachwort

Einem etwas nachzusagen, der selber viel zu sagen hatte und der jetzt nicht mehr antworten kann. Es so zu sagen, daß es nicht geschwätzig-intim und auch nicht falsch distanziert, nichtssagend wird. Über einen Mythos, eine Legende, einen Heros reden: ohne zu meinen, man kenne die Wahrheit, wisse es besser - und ohne sich einzubilden, Legenden und Mythen könne man zerstören (es auch nicht wollen). Über einen Toten und eine Zeit, über einen umstrittenen Toten und eine umstrittene Zeit etwas zu sagen. Über einen, der geliebt und gehaßt wurde, überhöht und denunziert, gerühmt und verspottet; über eine Zeit auch, die geliebt und gehaßt wurde, die überhöht und denunziert wird.

Rudi Dutschke hat dieses Buch selbst geplant: es sollte theoretische und politische Texte aus den letzten 15 Jahren sowie, als ›subjektiven‹ Kommentar, Auszüge aus dem Tagebuch enthalten - politische Biographie und Materialsammlung gegen einen zunehmenden Geschichtsverlust. Das Buch sollte jüngere Leser über die Revolte der späten sechziger Jahre und ihre Folgen informieren, und es sollte denen, die in der Revolte verwickelt waren, zu einer Erinnerung, die nach vorne weist, nützlich sein. Der vorliegende Band wurde nach Rudi Dutschkes Aufzeichnungen und Entwürfen zusammengestellt; er folgt sicher nicht in allem dem ursprünglichen Plan, zu etlichen Punkten gab es kaum mehr als Hinweise. Wir glauben aber, im Sinne Rudi Dutschkes ausgewählt zu haben. (Dank an dieser Stelle an Gretchen Dutschke-Klotz: für ihr Vertrauen und ihre Hilfe; Dank auch an Brigitte und Helmut Gollwitzer und zahlreiche andere).

Rudi hat für diese Auswahl alle Themen gesammelt, die ihm allgemein heute noch wichtig erschienen: vom ›realen Sozialismus‹, aus dem er kam und den er nicht mehr wollte, über die Studenten- und Jugendrevolte im Westen, den Kampf gegen Springer und für ein befreites Vietnam, den Verfall der Bewegung in Sekten mit und ohne Knarren oder in Resignation, die neuerliche Restauration und Repression in unserer Republik, die halbasiatische und die westliche Produktionsweise bis hin zu neuen sozialen Bewegungen, zum Kampf gegen die Atomkraft und zu den ›Grünen‹. Rudi Dutschke war keiner, der sich Themen und Interessen von den je herrschenden Moden und Trends vorschreiben ließ; bei aller Vielfalt der Themen und Gegenstände beweist diese Auswahl vor allem doch eines: daß da einer, zuweilen wie besessen, *einer* Frage auf der Spur war - wie ist ein Sozialismus mit menschlichem Antlitz möglich?

Vor allem eckige, zähe und tabuierte Fragen reizten Rudi. Letztes - auch Freundschaften riskierendes - Wagnis: die Vermittlung von Ökologie und Sozialismus, nicht als Harmonisierung, sondern als Tätigkeit in einem Widerspruch. Er begann gerade systematisch an der Ökologie-Problematik zu arbeiten. Theoretischer (nicht nur ›grüner‹) und anderer Defizite war er sich bewußt, wollte lernen, war neugierig, hatte Ohren und nicht nur einen Mund; war beides - Agitator und Theoretiker, einer aber, der das Buch sofort weglegte, wenn er die Möglichkeit zu Praxis, zur Aktion sah. Er war immer en detail informiert, schon aus Angst, eine revolutionäre Situation am falschen Ort zu verpassen. Immer auf dem Sprung sein: solche Haltung ist riskant, kann äußerlich werden. Das wußte er. Doch nur die machen keine Fehler, die nichts machen.

Dieses aktivistische Revolutionsverständnis, das nicht mehr nur der objektiven Dialektik von Geschichte vertraut, steht nicht im Widerspruch zur Utopie - wo sie *konkret* ist. Konkrete Utopie: das hat gerade nichts mit paradiesischen Nebelbildern zu tun, bedeutet vielmehr, sich nicht allzu weit über oder unter dem zu bewegen, was die anderen bewegt. »Wenn eine freie Gesellschaft unwahrscheinlich ist, bedarf es umso größerer Anstrengung«: das meint nicht ein absurdes Gegen-die-Wand-Rennen, das meint eine Haltung, die sich entschieden über das Jetzt erhebt, die avantgardistisch und zugleich in der Realität verwurzelt ist, die sich der Probleme bewußt ist und dennoch das Moderierte und Kleinlaute ablehnt. Rudi sprach von der Revolution - er konnte das noch! - und warnte zugleich vor ihrer Fetischisierung, er war für die Vermittlung von Reform und Revolution - seine (mit allen Kräften mißverstandene) Parole vom ›langen Marsch durch die Institutionen‹ war nur eine Figur dieses Denkens. Er war für die Zerstörung vieler Momente dieser Gesellschaft, ihrer Institutionen und Zwänge - er war aber gegen Liquidation: von Traditionen, Bewußtsein, fremder und eigener Geschichte. Er fand einiges des »Aufhebens« wert, gerade auch in der bürgerlichen Gesellschaft. Nicht gern, nicht einfach und nicht schnell trennte er sich von Gelerntem und Erfahrenem. Aus dem roten Rudi z. B. war nicht einfach ein grüner geworden. So klar er die Tragödie der Befreiungsbewegungen in Indochina sah - die Abkehr vom Internationalismus teilte er nicht (und wollte in den letzten Monaten eine Polemik dagegen schreiben). Sosehr er von der Gattung sprach und von ihrer globalen Gefährdung heute - das, was er über Klassen und ihre erbitterten Kämpfe wußte, hat er dafür nicht geopfert. Er kannte Widersprüche und er lebte in Kontinuität.

Rudi warf sich in Aktionen, warf sich in die Bewegung. Aber er machte nicht alles mit, spürte frühzeitig Holzwege, mied sie, warnte vor ihnen: freundlich, bestimmt, zornig. Das war mit der Kommune so: er befürchtete narzißtische Verselbständigung. Mit den Befreiungsbewegungen: ihre Glorifizierung störte ihn, er vergaß nie die vielen Toten, die der Kampf kostete. Mit den ML-Parteien: er kritisierte ihre hochstaplerische, realitätsferne Kostümierung, war entsetzt über die Blindheit gegenüber der stalinistischen Barbarei. Mit einigen neuen Philosophen: er verachtete die greisenhafte Resigniertheit der 30jährigen Veteranen. Mit denen im bewaffneten Untergrund: er trauerte um die, die an der Barbarei der Gesellschaft und am eigenen Haß starben. Da wurde viel spekuliert: hätte er nicht vielleicht auch? Rudis Haltung zum individuellen Terror war immer klar. Doch er vergaß nie, daß sie alle einmal zusammengehört hatten, daß sie *einen* Ausgangspunkt hatten. Es stimmt schon: er repräsentierte das Ganze der Außerparlamentarischen Opposition, er war ihre integrative Figur (nicht ihr Führer, wie die herrschende Dummheit es sich allein vorstellen kann). Gerade deswegen war er auch das, was für viele immer noch ein Schimpfwort ist: Vermittler, Versöhner.

Geschichte ist machbar: dieser Satz, der inzwischen etwas aus der Mode gekommen ist, beschreibt sehr treffend die

Haltung und die Zuversicht der revoltierenden Generation am Ende der sechziger Jahre, der es erstmals gelungen war, verkrustete politische Verhältnisse aufzubrechen. Daß das mehr als bloßer Voluntarismus war, machen Rudi Dutschkes Texte deutlich. Sie rufen wieder in Erinnerung, von welcher Bedeutung damals die Entdeckung einer verschütteten revolutionären Tradition war. Der Marxismus ist heute erneut kanonisiert, akademisiert, stumpf geworden - Rudi Dutschkes Texte verweisen auf einen anderen Gebrauch marxistischen Denkens; es ging nicht um Wortgefechte und theoretische Sandkastenspiele - es ging darum, die ideologischen Nebelbildungen der Nachkriegszeit zu durchbrechen und die gesellschaftliche Wirklichkeit als veränderbar zu begreifen.

Die vorliegenden Texte widerlegen die Mär vom Aktionismus und der Theorielosigkeit der Revolte. Was in der Bewegung der Jahre 1966 bis 1968 zum Ausbruch kam, war auch das Produkt einer intensiven theoretischen Anstrengung, die darauf zielte, andere Möglichkeiten sichtbar zu machen, Chancen und Perspektiven von Widerstand zu ermitteln. So z. B. verblüfft an den früheren Texten Rudi Dutschkes heute zweierlei: sie entstanden aus den internen Diskussionen winziger theoretischer Zirkel (›Subversive Aktion‹, dann SDS), die von keiner Bewegung und keiner sichtbaren gesellschaftlichen Tendenz getragen waren und die in scheinbar elitärer Zurückgezogenheit (in einer Universität *vor* der technokratischen Reform) eine politische Theorie entwickelten, die wenig später sehr praktische Konsequenzen zeitigte. Und diese Texte verblüffen zweitens durch ihren Mut zur Globalität, zum großen Wurf: da war der Horizont nicht durch die eigene Gruppe oder Szene gesetzt, da gab es ein Bedürfnis nach Öffnung und Internationalismus, da war die globale Analyse nicht Abstraktion von der eigenen Situation, sondern entschiedener Versuch, die Enge der eigenen vier Wände zu überwinden. Heute, wo der kleinlaute Kammerton wieder gefragt ist, gilt das für illusionär; Rudi Dutschkes Texte jedoch vergegenwärtigen die sprengende Kraft eines revolutionären Interesses, das sich Freiheit nur als die Freiheit *aller* Menschen vorstellen kann, das die objektiven geschichtlichen Prozesse analysiert, ohne deterministisch zu werden, das auf der Höhe der kapitalistischen Entwicklung ist, ohne dem Mythos der Industriegesellschaften zu verfallen.

Rudi Dutschke, Exponent einer Bewegung, die u. a. entschieden für Egalität kämpfte, hatte selber eine besondere Rolle: in der ›Subversiven Aktion‹ , im SDS, in der APO, später. Das zu leugnen, wäre verlogen. Er betonte immer wieder, daß Geschichte nicht von (Rädels-) Führern gemacht wird, zugleich gab es für ihn aber etwas wie »antiautoritäre Autoritäten«, wie Bloch, Gollwitzer oder Marcuse etwa, wußte er von der katalysierenden Wirkung und Faszination von Personen in bestimmten historischen Situationen. Den Haß auf das Individuum, den einzelnen, die Person teilte Rudi nie. Politische Revolten, soziale Bewegungen sind immer auch, vielleicht primär, existentielle Revolten von Menschen, Individuen, Aufbrüche, Ausbrüche aus Gefangenschaften. Nicht nur kollektive Abenteuer, sondern ganz persönliche, nicht nur Versuche, die Klasse, die Gattung, die Menschheit zu befreien, sondern auch sich selbst. Und da darf »Ich« gesagt werden. Rudi tat das eher zu selten. Aber er tat es. Er hat sich verbunden, verbündet mit Leuten, aber nicht gebunden oder binden lassen. Er war Avantgardist in avantgardistischen Gruppen, Aufklärer. Vor allem die Texte aus der Zeit der ›Subversiven Aktion‹ demonstrieren dies. Rudi wußte, daß er als Student oder linker Intellektueller zu einer »Elite« gehörte. Aber eben zu dem Teil, der nicht mehr elitär sein wollte: »Wir haben unsere akademische Würde verloren - und das ist gut so«. Keine Scham, keine Angst also, privilegiert zu sein, mindestens im Kopf voraus sein zu können, denn er wollte andere nicht penetrant, nicht gewaltsam aufklären, nachziehen, aufwecken, wie es später versucht wurde, sondern überzeugen: durch Worte, durch exemplarische Aktionen. Durch das eigene Leben zu Selbsttätigkeit ermuntern.

Jürgen Miermeister und
Thomas Schmid

Biographie

Rudi Dutschke wurde am 7. März 1940 in Schönfeld, einem Dorf bei Luckenwalde in der Mark Brandenburg geboren, vierter Sohn eines Postbeamten und einer Hausfrau. Als Schüler engagiert er sich in der evangelischen ›Jungen Gemeinde‹. Weil er den Wehrdienst in der Nationalen Volksarmee verweigert, kann er, Sportler und Mehrkämpfer, der von Olympia träumt, nicht Sportjournalismus studieren. Er macht eine kaufmännische Lehre, pendelt ab 1960 nach West-Berlin, wiederholt dort das Abitur, um im Westen studieren zu können.

Kurz vor dem Mauerbau geht Rudi Dutschke ganz in den Westen und beginnt im November 1961 ein Soziologie-Studium an der Freien Universität Berlin.

Ab 1963 ist er in der ›Subversiven Aktion‹, dann, seit 1965 zunächst als subversiver Unterwanderer, im SDS, dem Sozialistischen Deutschen Studentenbund, politisch tätig.

Er beteiligt sich früh an antifaschistischen und antiimperialistischen Aktionen und Demonstrationen. Sehr schnell wird er zu einem Sprecher und zum Symbol der antiautoritären Studenten- und Jugendrevolte, die sich nach der Erschießung Benno Ohnesorgs am 2. Juni 1967 zu einer breiten und zeitweise militanten Protestbewegung ausweitet: Zeit der APO.

1966 heiraten Rudi Dutschke und Gretchen Klotz, im Januar 1968 wird Hosea Che geboren.

Im Februar 1968 findet in West-Berlin der Internationale Vietnam-Kongreß statt, Höhepunkt der Kampagne gegen den US-Krieg in Indochina. Wenige Tage später organisiert der Senat der Stadt eine proamerikanische Gegenkundgebung - auf Plakaten steht zu lesen: ›Dutschke - Volksfeind Nr. 1‹. Die Springer-Presse (und nicht nur sie) nährt ein Klima von Lynchjustiz. Am 11. April 1968, eine Woche nach dem Mord an Martin Luther King, schießt der 23jährige Arbeiter Josef Bachmann Rudi nieder, verletzt ihn lebensgefährlich. Es gibt weltweite Proteste, in der Bundesrepublik die gewalttätigen Osterunruhen, in München fordern sie zwei Tote, Springer-Autos brennen.

Rudi überlebt schwere Operationen; in der ersten Zeit danach bei zu großen Strapazen gelegentliches Auftreten leichter Epilepsie. In Italien, später in Großbritannien eignet er sich die fast verlorene Sprache und Erinnerungsfähigkeit wieder an.

Im November 1969 wird die Tochter Polly Nicole geboren.

Wegen ›subversiver Tätigkeit‹ weisen die regierenden britischen Konservativen Rudi Dutschke Anfang 1971 aus - trotz zahlreicher Appelle und Solidaritätsbekundungen. Die Odyssee führt nach Dänemark. Das Land nimmt die Familie bereitwillig auf, Rudi erhält einen Lehrauftrag am Institut für Geistesgeschichte der Universität Arhus. Er beginnt Studien über Lukács und Lenin. Später und neben seiner Forschungsarbeit: erste Versuche, zunächst unter Pseudonymen, politsch-schriftstellerisch wieder in Diskussionen einzugreifen.

1973 promoviert Rudi Dutschke an der FU Berlin mit einer Untersuchung über Lukács und Lenin, 1974 erscheint die Arbeit - »vom Akademischen ins Gemeindeutsche übersetzt« - bei Wagenbach. In den nächsten Jahren, stets in unsicheren materiellen Verhältnissen lebend, ist Rudi vielfältig unterwegs: politische Veranstaltungen, Fernsehdiskussionen, ein Projekt bei der ›Deutschen Forschungsgemeinschaft‹, linke Strategie-Diskussionen (zeitweise u.a. in Richtung einer linkssozialistischen Partei), Veröffentlichungen, Reden auf Kongressen.

Die letzte Zeit: vor allem Interesse und Engagement in der grünen Bewegung, aber auch andere Pläne: Bücher, Theoriearbeit.

Am 24. Dezember 1979 stirbt Rudi Dutschke in Arhus durch einen Unfall, verursacht von späten Folgen des Attentats. Das dritte Kind von Gretchen und Rudi Dutschke, Rudi-Marek, wird am 16. April 1980 geboren.

Quellen

In diesem Verzeichnis werden nur Texte aufgeführt, die keine Erstveröffentlichungen sind.

Einladung zu einer urdeutschen Met-Shuffle Erstmals abgedruckt in: Frank Böckelmann, Herbert Nagel (Hsg.), Subversive Aktion. Der Sinn der Organisation ist ihr Scheitern, Frankfurt/Main 1976, S. 148.

Es gibt noch keinen Sozialismus auf der Erde Anschlag 1, August 1964; erster Nachdruck in: Böckelmann, Nagel, a.a.O., S. 169-174.

Eine revolutionsreife Wirklichkeit fällt nicht vom Himmel Mit A. J. = Alexander Joffé gezeichnet (Rudi Dutschke mußte die Streichung eines Stiftungsstipendiums befürchten). Anschlag 1, August 1964, erster Nachdruck in: Böckelmann, Nagel, a.a.O., S. 190-195.

Genehmigte Demonstrationen ... Böckelmann, Nagel, a.a.O., S. 307-328. Gekürzt.

Ausgewählte und kommentierte Bibliographie ... Erstmals gedruckt als Sondernummer der SDS-Korrespondenz, Oktober 1966. Gekürzt.

Demokratie, Universität und Gesellschaft Erstmals in: Bernard Larsson (Hsg.), Demonstrationen. Ein Berliner Modell, Voltaire Flugschrift Nr. 10, West-Berlin 1967, S. 143-157.

Professor Habermas, Ihr begriffsloser Objektivismus ... Aus: Bernward Vesper (Hsg.), Bedingungen und Organisation des Widerstandes. Der Kongreß in Hannover. Voltaire Flugschrift Nr. 12 , West-Berlin 1967.

Keiner Partei dürfen wir vertrauen! Gezeichnet mit A. J. Erstmals in: Oberbaum Blatt Nr. 2, 17. Juni 1967.

Besetzt Bonn! Pardon, September 1967.

Vom ABC-Schützen zum Agenten Konkret Nr. 1, Januar 1968.

Die geschichtlichen Bedingungen ... Erstmals gedruckt in: Der Kampf des vietnamesischen Volkes und die Globalstrategie des Imperialismus, West-Berlin 1968.

Wir waren niemals eine Studentenbewegung Der Funke Nr. 21, Januar 1980, S. 12-17. Gekürzt.

Pro Patria Sozi? Konkret Nr. 2, Februar 1974, S. 30.

Das wiedergewonnene Abenteuer Das da Nr. 9, September 1975.

Sozialistische Tragödien bewältigen! Das da Nr. 2, Februar 1976, S. 37-40.

Die Internationalisierung der ›Stammheime‹ Links, dokumentarische Sondernummer (85), Februar 1977, S. 16/17.

Subkultur und Partei Das da Nr. 11, November 1977, S. 20-23.

Ermordetes Leben Chile-Nachrichten Nr. 50, 1. Juli 1977, S. 7/8.

Die Glücksmänner Aus: Rudi Dutschke, Wider die Päpste. Die Schwierigkeiten, das Buch von Rudolf Bahro zu diskutieren, in: Ulf Wolter (Hsg.), Antworten auf Bahros Herausforderung des ›realen Sozialismus‹, West-Berlin 1978, S. 210-213. Auszug.

Bildnachweis:

S. 2 und 42: Gerhard O. Stief; S. 75: Digne Meller Marcovicz; S. 125 und 128: Eberhard Venohr; S. 156: Helga Reidemeister; S. 171: Werner Koch; S. 180: Preben Tolstoy; S. 181: Rien Siers; Umschlag Vorderseite: Digne Meller Marcovicz; Rückseite: Dirk Reinartz.

LESEN SIE WEITER:

Rudi Dutschke
Versuch, Lenin auf die Füße zu stellen
Über den halbasiatischen und den westeuropäischen Weg zum Sozialismus

Dutschke schrieb diese Arbeit, die zugleich seine Dissertation ist, gegen den Hang der Linken zum politischen Traditionalismus und zur Glorifizierung autoritärer Modelle.
Allgemeines Programm. Broschur. 352 Seiten

Hannah Arendt
Israel, Palästina und der Antisemitismus
Aufsätze

Eine Sammlung mit exemplarischen Schriften der großen jüdischen Denkerin zu den wichtigsten Themen ihres Werks: Die politische Verantwortung des einzelnen, die ›Banalität des Bösen‹ und der Antisemitismus, Israel und Palästina.
Wagenbach: Taschenbuch 196. 128 Seiten

Carlo Ginzburg
Der Richter und der Historiker
Überlegungen zum Fall Sofri

Das Manifest eines bekannten Historikers gegen das skandalöse Urteil in *dem* politischen Prozeß der italienischen Nachkriegsgeschichte und zugleich eine Reflexion über die Arbeit des Richters und des Historikers.
Aus dem Italienischen von Walter Kögler.
Mit einem Vorwort von Thomas Schmid.
Wagenbach: Taschenbuch 189. 128 Seiten
(erscheint im Oktober)

Roy Porter
Kleine Geschichte der Aufklärung

Ein umfassendes Portrait der europäischen Aufklärung, ihrer wichtigsten Köpfe, ihrer Zentren, ihrer Hauptwerke – und ihrer Folgen.
Aus dem Englischen von Ebba D. Drolshagen
Wagenbach: Taschenbuch 192. 112 Seiten
(erscheint im Oktober)